ICH BIN MENSCH
SELBSTVERANTWORTLICH AUS DER SKLAVEREI!

Danksagung an

An alle Aktivisten, die an der ungeheuerlichen Aufklärung mitgewirkt haben und/oder immer noch mitwirken. Über viele Jahre hinweg sind die Verfechter der Wahrheit verschmäht, verleugnet und verbannt worden, doch haben sie nie aufgehört gegen den Strom des Mainstreams zu schwimmen. Viele mutige Menschen haben durch couragierte Eigenverantwortung aufgehört zu tun was von Ihnen verlangt wird, um die Tyrannei gegen die Menschlichkeit aufrecht zu erhalten. Dabei haben sich „Freundeskreise" und „Stammtische" gebildet, um die Menschen zu vereinen, gegen die missbräuchliche Staatsgewalt! – Immer mehr stellen sich gegen das Recht, was Unrecht zu Recht macht und immer mehr suchen nach Wegen, wie sie in Frieden zu ihrem Geburtsrecht kommen, - Mensch zu sein!

Ihnen ist es zu Danken, dass in Zeiten des Umbruchs Wege entstanden sind, die ohne Gewalt, mit einem klaren Geist und einer wahrhaftigen Liebe im Herzen beschritten werden können. Wissen ist Macht, doch ist diese Macht nur so groß, wie sie von den Wissenden umgesetzt wird! Was einen Menschen zum wahrhaftigen Menschen macht, ist sein Entschluß, sich selbst zu ermächtigen, Selbstverantwortung zu tragen und konsequent eigene Entscheidungen zu treffen. – Mensch zu sein ist somit mehr, als nur der Ausstieg aus dem Sklavensystem, denn der Ausstieg ist der Beginn, Mensch zu sein!

2. Auflage

Deutsche Zweitauflage, Juli 2016

Herausgeber: hendrik von Asgard

Layout und grafische Bearbeitung: hendrik von Asgard

Weitere Informationen zu den Inhalten:
Cosmo Energetic School, D-A-CH
info@holisticart.eu - **www.holisticart.eu**
Coverbild: „Strong Man"- lizensiert bei Fotolia.

Herstellung und Verlag:
BoD-Books on Demand, Norderstedt
ISBN_13: 978-3-7392-1483-2

Herausgeber
hendrik von Asgard – 76437 Rastatt

Inhaltsverzeichnis

Die Größe der Freiheit, der wahren Freiheit, ihre Würde, ihre Schönheit liegen in einem selber, wenn man in vollkommener Ordnung lebt. Und diese Ordnung entsteht nur dadurch, dass wir uns selber Licht sind.
Jiddu Krishnamurti

VORWORT

Jahrzehnte lang, seit meiner Geburt, um genau zu sein, lebe ich nun in einem Land, fühlte mich einem Volk zugehörig und setzte ganz von selbst voraus, dass ich ein Mensch bin.
Das alles ist so geläufig, dass man gar nicht auf die Idee kommt, all das in Frage zu stellen! –
Als Wissenschafts- sowie Investigations-Journalist setzte ich mich natürlich mit abnormen Geschehnissen auseinander, welche destruktiv auf die gesellschaftliche Ordnung und gegen die Menschenwürde gerichtet waren.
Ich möchte jetzt gar nicht tiefer graben, denn jeder weiß selbst, dass es viele bewegende Ereignisse gab und gibt,
auf die man sich keinen Reim machen kann, - jedoch weiß man, dass man belogen wird. Man weiß dass es unstimmig ist, weiß aber nicht, was damit bewirkt werden soll; - man sieht ein kleines Fragment des Großen und Ganzen, jedoch kann man anhand des Fragmentes das Ganze nicht in seinem wirklichen Ausmaß erkennen und fischt daher im Trüben. Der Mainstream meidet es, im Trüben zu fischen weswegen das Unwahre zur akzeptierten Wahrheit wird.
Eine unangenehme Wahrheit, weil sie dem Wohl WENIGER zu Kosten ALLER dient.
Diejenigen, die der Sache jedoch auf den Grund gehen wollen, fischen aus dem Trüben unangenehme Wahrheiten, die in ihrer Wirkung, da sie ja über Jahre unbeachtet wachsen durften, inzwischen so drastisch sind, dass man sie mit Ablenkung erneut ausblendet, um das tägliche Leben im Laufrad ertragen zu können! –

Nun, - man kann niemanden einen Vorwurf machen, wenn er versucht unangenehme und grausame Wahrheiten auszublenden, doch muss man sich klar darüber sein, dass das Wegschauen nicht die Wirkung aufhebt und all das, wovor man Angst hatte, wird sich in Form einer Unvereinbarkeit einstellen! – Man ist dann ein *Opfer* der Geschehnisse und wie es das Wort Opfer schon sagt, *ohne Einfluss* auf das, was geschieht!

Stellt man sich jedoch der unangenehmen Wahrheit bei Zeiten, dann kann man Einfluss auf den Verlauf nehmen.
Man ist dann kein Opfer mehr, sondern ein selbstverantwortlicher Mitgestalter, um ein bestehendes Problem zu lösen! – Je nach dem, wie groß ein Problem in seiner Wirkung ist, macht man das für sich selbst, sein Umfeld oder schlicht, für ALLE! –

Das Problem, auf welches dieses Buch abzielt, ist ein großes, - ein sehr großes und persistentes Problem, das sich über Generationen hinweg fortsetzte und jetzt gelöst werden kann, - zum Wohle des Einzelnen, des *„deutschen Volkes"* sowie zum Wohle aller Völker dieser Erde! -
Und auch die Natur, die uns am Leben erhält könnte davon profitieren.
Die Kehrseite der Medaille ist jedoch eine katastrophale Wahrheit, mit der man sich auseinandersetzen muss! –
Sie ist dabei nicht nur in ihrer Wirkung katastrophal, - sie ist auch noch nahezu unsichtbar, weil die Lüge zur Gewohnheit geworden ist! – Es erfordert Mut, sie zu akzeptieren und es erfordert Kraft und Tollkühnheit das zu tun, was getan werden muss!

Wir sind ein *Volk* von knapp 80 Millionen Menschen und dennoch sind wir alleine! – Jeder einzelne ist bei der Lebensbewältigung auf sich gestellt und kann sich bestenfalls darüber austauschen, - handeln aber muss er alleine, was im Grundsatz wenn derjenige für sich selbst handelt völlig in Ordnung wäre. Ein **Bürger** jedoch ist ein eigenverantwortlicher **Mensch**, der in einer Gemeinschaft von Bürgern, - **einer Gemeinde**, - gemeinschaftliche Entscheidungen trifft im Bezug auf ein **selbstbestimmtes** Leben

sowie die Nutzung und den Umgang mit dem gemeinschaftlichen Lebensumfeld. –
In diesen einen Satz steckt die Quintessenz des Problemes, mit dem sich dieses Buch beschäftigt.

Die eingangs leichtfertig gemutmaßten Annahmen zeigen sich jedoch als Trugschluß und wenn ich hier vom **Bürger** schreibe, dann setzt dies voraus, dass dieser ein Menschenrecht hat und dass er sich auf einem Staatsgebiet nach völkerrechtlichen Maßgaben befindet.
Wir gehen einfach davon aus, dass wir das tun, - nennen uns ganz selbstverständlich **Bürger**, **Deutsche** oder gar **Menschen** und wähnen **unser Land** in sicheren Grenzen weswegen wir willig bereit sind, unsere Lebenszeit für den Auf- und Ausbau **unseres Landes** zu investieren, - unser Erbe an nachfolgende Generationen! –

Doch was vererben wir ihnen wirklich und was haben wir von unseren Vorfahren vererbt bekommen? –
Die Wahrheit ist, dass wir ALLE in einer riesigen Lügenblase leben. – Schlimmer noch, - wir werden benutzt und ausgenutzt, denn durch die Art wie wir zu leben gelernt haben, erhalten wir das aufrecht, was uns knechtet.

Doch zunächst geht es einmal darum, sich der Wahrheit zu öffnen. Ich selbst habe es lange vor mich hergeschoben, denn, - ganz ehrlich, - ich hatte Angst! – Schon die ersten Überflüge über das für mich noch fremde Thema zeigten mir, dass da mehr dran ist, als ich vielleicht wissen möchte! Grausamkeiten, die anderen angetan werden, kann man zwar durch Ignoranz austunneln, doch lebt man ein ganzes Leben in der Angst, selbst ein Opfer dieser Grausamkeit zu werden; - und die Wahrscheinlichkeit ist ziemlich hoch.
So kam die Zeit mit Beginn des Jahres 2015, dass ich mein Engagement in das rechtsverdrehte Thema **Deutschland** sowie alle daran angegliederten Theman steigerte.

Mein Bruder hingegen ist an diesem Thema schon seit einigen Jahren dran und ja, - er hat oft versucht mich davon zu überzeugen, wie wichtig der *Personenstand* ist, was es mit dem **Deutschen Kaiserreich** und den darauf folgenden Reichen auf sich hatte. Er verlor sich in dem Thema, weil es so lange zurückliegend, auf fast alle Bereiche des Lebens Einfluss hat und mir wurde es regelmäßig schwindelig.
Das, was für meinen Bruder durch Wissensfindung völlig klar war, überforderte mich und so machte ich mich zu.
Ich konterte ihm damit, dass, *Ich von Natur aus Mensch bin und dass KEINER das Recht hat, mir das abzusprechen.*
Ich wurde dabei richtig zornig, obwohl ich in dem Moment keinen Grund dazu hatte, aber ich wusste intuitiv, dass es nicht so war, wie ich das gerne gehabt hätte; - daher der Zorn! - Ehrlich gesagt versteckte ich mich hinter dieser Argumentation, weil ich zu **träge** war, diesem Thema meine Aufmerksamkeit zu widmen! – Und es gab ja scheinbar auch keinen zwingenden Grund für mich, mein Leben mit dieser katastrophalen Wahrheit zu belasten.

So ging ich weiter meinem bis dahin erfüllten Leben nach.
Da ich mit der Politik noch nie konform ging und ein sehr spirituelles Leben führe, erzeugte ich ein für mich autarkes Umfeld, in dem es nur das gab, was ich wollte und Politik gehört da nicht dazu! – In meiner Arbeit bilde ich Menschen zu *Geist-* und *Energieheiler* aus, gebe Mentalschulungen in denen man lernt, **selbst** zu denken sowie die innere Wahrnehmung zu wecken.
Innere Freiheit habe ich und die äußere Unfreiheit habe ich nicht wahrgenommen, weil ich in eine *Koexistenz* mit dem System gegangen bin, die mir solange nicht aufgefallen ist, solange ich noch kein Wissen darüber hatte, was wirklich ist.

Merkels *Kolonialisierungsaktivitäten* machten Schluß mit der Lethargie. Mit der ersten Flüchtlings-Welle breitete

sich in mir ein Gefühl aus, das ich in der Intensität noch nie empfand und ich wusste, dass dies der Anfang vom Ende dessen war, was gewohnt und vertraut war.
Aufeinmal wollte ich mich nur noch mit dem *Deutschland-Thema* beschäftigen und begann mit Leidenschaft das zu tun, was ich zuvor verdrängt habe! –

Ich schreibe das, weil ich denke, dass es nicht nur mir so geht. Viele Menschen sind irgendwo in diesem Prozess und ich glaube, dass viele genauso verwirrt sind, wie ich das am Anfang war. Heute verstehe ich meinen Bruder und heute weiß ich, wie immens wichtig es ist, sich Kompetenz im Bezug auf seinen **Personenstand** anzueignen, woraus sich völker- und menschenrechtliche Fragen auftun, die sehr stutzig machen. Mit einer gewissen *Initial-Logik* war es mir dann relativ schnell möglich, die über Jahrzehte verdrängten und desinformierten Wahrheiten, - selbst erarbeitet, - zu begreifen. Wenn man begriffen hat, was um einen herum <u>wirklich passiert</u>, dann beginnt der Weg des Handelns. Meine spirituelle Gesinnung verbietet mir alles, was gegen Menschen, Tiere und die Schöpfung gerichtet ist und sie fordert mich auf, mit Klarheit die Ursachen zu finden, um dort das mir mögliche zu tun, Dinge zu verbessern, die im Argen liegen. Sie gebietet mir darüber hinaus auch Dinge zu **verweigern**, welche mir, meinen Mitmenschen sowie der Schöpfung, schaden würden und sie gebietet mir, ein Leben in Wahrheit zu leben.

Aus meiner Sicht, könnten wir anhand der Erfordernisse, die umgesetzt werden müssten, um in Zukunft ein Leben als freie und selbstbestimmte Menschen leben zu können, den längst fälligen Quantensprung auslösen. Alle Probleme die wir heute haben, haben eine gemeinsame Basis:
Die Politik! – ALLES wogegen wir kämpfen oder für was wir kämpfen, entsteht aus den Entscheidungen der Politik.

Sie gibt vor, dem Volk nach seinem Willen zu dienen, doch es ist umgekehrt, - das Volk dient dem Willen der Parteien! Und wer das nicht tut, der wird von *Amts-Söldnern* verfolgt und bestraft.

Andererseits muss man sich fragen, wie man sich unter dem Diktat einiger Herrschsüchtiger, frei fühlen kann! Wer sich in Gefangenschaft frei fühlt, ist dringend dazu aufgerufen, sein Gefühl zu heilen! Jede Form der Tugend kann nämlich nur auf dem Boden der Wahrheit und der Freiheit gedeihen! – Der momentane Nährboden bietet da nicht viel Gelegenheit für die Früchte der Tugend! – Doch genau da liegt die Chance zur Veränderung! – Auf die Politik kann in Zukunft nur verzichtet werden, wenn man wieder fähig wird, sich zu einen, - zu Gruppen und Gemeinden.

Selbstverantwortung ist dabei der Schlüssel zum fruchtbaren Zusammenleben von freien Menschen, die aus freier Intention, einem größeren Ziel dienen, als sich selbst. Der beschwerliche Weg aus dem Sklaven-System trainiert die geistigen *„Muckie's"* und die Sicherheit der Gemeinschaften, schafft die Fähigkeit zum *Bonding*, - sich also wieder auf andere voll einzulassen, ohne sich selbst aufzugeben!

Im Laufe meiner Aktivitäten fand ich sehr kompetenten Rat von meinem Freund **Alois Wibmer**, dem Initiator des *Freundeskreis München*. Für mich war das sehr wichtig, denn eine *Personenstandsveränderung* bringt große Veränderungen mit sich und leider auch Widerstand! – Diesen Weg kann man nur gehen, wenn man im Herzen davon überzeugt ist! – Alois und der **Freundeskreis** haben einen wesentlichen Beitrag dazu geleistet, dass ich den Mut aufbrachte, den *Personalausweis* zurückzugeben, mich abzumelden und meine *Willenserklärung* beim Standesamt einzureichen! Das war meine Geburt in ein neues Leben. Seitdem ich die Wahrheit kenne, sehe ich ALLES in ihrem Lichte und das

was mir zuvor so normal erschien, zeigt jetzt seine wahre Fratze! Auch wenn diese nicht angenehm anzusehen ist, so geht es nun darum, das zu verändern, was man als unangenehm empfindet, - und es gibt Wege! –
Ebenso wie die unangenehmen Wahrheiten, gibt es auch Chancen, nach denen bisher keiner gesucht hat! –

Der *Freundeskreis* unter Alois' Leitung, ist seit mehr als 10 Jahren verwachsen mit dem Thema und so hat er sich eine einzigartige Fachkompetenz sowie viele kompetente Mitstreiter um sich herum erarbeitet, was schon zu vielfachen, teils erstaunlichen Erfolgen geführt hat.
Gemeinsam ist man stark!

Das *Gemeinsame* setzt sich jedoch aus vielen Einzelteilen zusammen und so beginnt der erste Schritt mit der Veränderung des *Einzelnen*. Dieses Buch soll mit seinen Inhalten, Fakten und Impulsen, dem Suchenden auf dem Weg zu seiner Wahrheitsfindung helfen und gleichzeitig Struktur in das Chaos bringen, das einem zu Beginn leicht überfordern kann. Nachdem ich nach fast 50 Jahren die bittere Wahrheit verarbeitet habe, bin ich nun in meiner Energie, neue und vor allem nachhaltige Lösungen zu finden.
Hauptsächlich mache ich das aber für meine Kinder, sowie für ALLE Kinder dieser Welt, deren Leben noch vor ihnen liegt und das sie leben sollen, - als freie Menschen, - die ihr geistiges und seelischen Potenzial voll entfalten können, - zum Wohle des Lebens in Harmonie mit der Erde und im Dienste der Liebe! Was uns alle eint, das ist das Recht zu Leben, -
als FREIER MENSCH!

Möge Kraft, Liebe und Mut uns allzeit begleiten auf den Wegen, wieder ein freier Mensch zu werden!

*Die schlimmsten Feinde der Freiheit,
sind zufriedene Sklaven!- Marcus Aurelius*

EINLEITUNG

Die Menschen, die ich mit meinem Buch ansprechen möchte, sind Menschen, die, ebenso wie ich, nicht viel Ahnung und Interesse am komplexen *Gesetzes-Wirrwarr* haben. – Weniger, als sie vielleicht haben sollten? – Leider ja, wie sich zeigen wird!
Es ist schon schwer genug mit dem *Gesetzesverhau* im Alltag umzugehen. Umso mehr, wenn es hier beim Vorgang der „*Rehumanisierung*" darum geht, die Basis des Übels zu erkennen, die ihre Ursprünge weit in der Geschichte zurückliegen hat. Jede Epoche hatte ihren Rechtskreis, - national, wie auch international und da die Rechtsfähigkeit der vergangenen Epochen gültig blieb, - manche auch nicht, - sind wir nun in einer Epoche ohne einen gültigen Rechtsgrund, - national wie international!
Es gibt zu dem Thema tonnenweise Dokumentationen und ich möchte jedem empfehlen, sich selbst, über das Studieren der Themen, zu ermächtigen.

Dennoch gibt es ein *"**Kleinstes gemeinsames Vielfaches**"*, - einen Umstand, auf dem **ALLES** fußt!

Es ist wichtig diesen „*Fußpunkt*" zu kennen, da nur dort, an der Basis, Veränderungen sinnvoll sind. Alles andere lässt sich mit einer *Symptombehandlung* vergleichen, die bekanntermaßen, nur in Ausnahmefällen eine wirkliche Verbesserung bringt.
Nimmt man Veränderungen an der Basis vor, so zieht sich die Wirkung durch die gesamte *Verlaufskaskade* des Problems, wodurch am Ende ein neues Ergebnis hervorgeht!
Hierzu möchte ich einige Passagen aus dem Buch, „***Weltfrieden – es liegt in unserer Hand***" aus der *freien Gemeinde Neuhaus*

zitieren, das man sich auch kostenlos als Download[1] besorgen kann was ich sehr empfehle, da es einen sehr genauen Ablaufplan für den Ausstieg beinhaltet, mit Musterbriefen oder Vorgehensweisen bei Behörden, mit Hinweisen, was unbedingt zu beachten ist, damit man zum gewünschten Ergebnis kommt.

Ein Mensch, welcher das Bedürfnis hat frei zu sein, hat seine Gefangenschaft erkannt! – Mit diesem Erkennen bewegt er sich fortan unter Menschen, welche entweder mithelfen die Knechtschaft aufrecht zu erhalten, oder aber er trifft auf Menschen, die einfach keine Lust auf die Wahrheit und das damit einhergehende Erwachen haben. Ein *träger Geist* sowie *Angst* sind der Initiator vieler Schläfer, die einfach nicht aufwachen wollen und da jeder Mensch einen „**Freien Willen**" hat, muss er sich auch nur für SICH selbst entscheiden.
Man sollte also nicht missionieren, oder sagen wir mal so, - an der richtigen Stelle ist Mission angebracht, die man immer dort findet, wo danach gefragt wird. Man sollte die Energie in das investieren, was schon funktioniert, weil nur so ein produktiver Austausch erfolgen kann! –

Hierzu eine Geschichte, **Die 5 Affen**

5 Affen wurden in einen Käfig gesperrt. In der Mitte des Käfigs befestigte man an der Decke eine Banane. Darunter stellte man eine Leiter. Als ein Affe auf die Leiter stieg um sich die Banane zu holen, wurde er mit einem eiskalten Wasserstrahl davon abgehalten, sowie alle ihm nachfolgenden Affen. Die Affen hörten irgendwann auf es weiter zu versuchen, - die Angst vor Strafe war nun größer, als die Lust nach der Banane! – Nun entnahm man einen Affen und es kam ein neuer hinzu, der keine Ahnung von dem ganzen Spiel im Käfig hatte. Natürlich war auch sein erster Weg auf die Leiter um die Banane zu ernten. – Und was ist nun passiert! – Es kam kein Wasserstrahl, den brauchte man nicht

---

[1] http://workupload.com/file/fLvGyBNc

mehr; - dafür gab es nun 4 zornige Affen, welche den Bananen-Übeltäter verprügelten! -

Bei allem was noch kommt, sollte man diese kleine Geschichte immer im Kopf behalten um sich darin zu finden.

Auch wenn das Erwachen mit heftigen Emotionen verbunden ist, so sollte man doch immer versucht sein zu vermeiden, dass diese Emotionen das Handeln bestimmen.

Vor allem mit Behörden, - *den Hütern der Banane,* - sollte man einen friedlichen Konsens finden, da man immer wieder einmal mit ihnen zu tun haben muss. Mit einer ruhigen, sicheren und bestimmt vorgetragenen Artikulation erreicht man mehr, als mit einem cholerischem Wesen.

Die Zeit der Einzelkämpfer in Sachen **„freier Mensch"** ist ebenfalls vorbei, denn es werden jeden Tag mehr Menschen die erwachen und aufstehen. Aufzustehen bedeutet in letzter Konsequenz, dass man auf das gewohnte Leben weitestgehend verzichtet und daran mitarbeitet, ein neues Lebensumfeld, für **freie Menschen** zu erschaffen. Das ist schon ein lebensverändernder Schritt und die Entscheidung die man zu fällen hat ist eine *„entweder-oder"* und keine *„sowohl-als-auch"* Entscheidung! – Deswegen sollte man für sich so lange Informationen einholen und auswerten, sowie gezielt nach Menschen und/oder Gruppen Ausschau halten, bis man aus voller Überzeugung zum Handeln bereit ist! – In der Wahrheit zu leben bedeutet, seine Bestimmung zu leben und dadurch ein freier Mensch zu sein.

Um eine starke Überzeugung aufbauen zu können, mit der man auch Widerstände zu überwinden vermag, ist es wichtig, ein Ziel zu formulieren, auf das ALLE ihren Fokus richten. So ist das Ziel ein **Wert**, der dem Bestreben aller Menschen zugrunde liegt, nämlich die **„wahrhaftige Freiheit"**.

Freiheit ist die Grundlage, auf der alle Tugenden sich entwickeln können! – Dabei geht es nicht um eine vermeintliche

Freiheit die man glaubt zu haben! – Das ist keine Freiheit, - das ist ein Denken oder Glauben an Freiheit! – Wahrhafte Freiheit erzeugt ein **Seinsgefühl** in dem man lebt, beobachtet und kreativ am Schöpfungswerk teilnimmt. Ein Seinszustand, den nur wenige Menschen wirklich erfahren durften und es dürfte wirklich nur sehr, sehr wenige Menschen geben, welche überwiegend darin aufgehen können! Dieser Seinszustand kann nur entstehen, wenn die *„Innere Freiheit",* an der man geistig-mental arbeiten kann, sich mit der *„Äußeren Freiheit"* im Einklang befindet.

ALLES was lebt ist in dauerhafter Bewegung und Wechselwirkung. Auf diesem Grundprinzip ist das gesamte Schöpfungswerk aufgebaut und auf kausaler Ebene auch unser Leben, z.B. durch das Atmen. – Man *NIMMT* Sauerstoff und *GIBT* Stickstoff. Es ist die Harmonie von *GEBEN* und *NEHMEN* auf der wahrhafte Freiheit beruht. Es möge jeder selbst für sich erkunden, wie es um die Ausgewogenheit von *GEBEN* und *NEHMEN* um uns herum bestellt ist! – Man wird erkennen, dass der Fokus auf *NEHMEN* und *FESTHALTEN* liegt, wodurch das *GEBEN* leidet und der harmonische Fluss des Lebens zu stocken beginnt! – Stellt euch vor, ihr würdet nur Einatmen und dann den Atem anhalten (= nehmen und festhalten). –

Es stellt sich nun die Frage, warum wir als ein Volk *selbstbestimmter Bürger*, uns nicht engagieren können, Freiheit zu erlangen? – Ganz einfach, - man wähnt sich in Freiheit, die man glaubt zu haben, weil man keine andere Freiheit kennt!
Unser Vorhaben wieder Mensch zu werden, setzt die Freiheit im Außen zwingend voraus, doch ist es nicht die wahrhafte Freiheit die von vielen Aussteigern gesucht wird, sondern eher ein Fluchtweg aus den vielen menschenfeindlichen Faktoren, welche die Menschen einschränken das zu sein und zu leben, was sie wirklich sind und sein möchten!

Es ist schockierend, denn kein Mensch, - oder besser gesagt, - keine *Person*, - hat wahrhafte Freiheit jemals empfunden.

Die *pseudo-geschlossenen Gesellschaftssysteme* sind auf den Machterhalt einiger Weniger abgestimmt; - für Freiheit findet man darin keinen Platz! – *Produktivität, Effizienz* und *Nutzen* sind die prägenden Werte des Freiheitsbegriffes innerhalb dieser Systeme (Hamsterrad). Doch nichts ist sinnvoll in seinem Sein, wenn es nur dazu dient, die Bedürfnisse einiger Weniger zu erfüllen, die sich nur auf *NEHMEN* ausrichten! –

Jedes SEIN hat einen Schöpferursprung, - ist die Geburt eines lebendigen Geistes und die Freiheit des SEINS definiert sich alleine nur durch das *SEIN* und nicht durch den *Nutzen des SEINS*! – Freiheit lässt **ALLES** zu, weswegen daraus ein intelligenter, geistiger Regulatioinsmechanismus hervorgeht, - die EIGENVERANTWORTUNG, aus der wiederum ein selbstbestimmtes Denken und Handeln entsteht, was gleichsam die Merkmale eines freien Menschen sind.

Unmerklich hat das vorhandene unmenschliche und parasitäre Ausbeuter-System unseren Körper, den Geist und auch die Seele vergiftet, so dass Krankheit auf allen Ebenen als signifikantes Zeichen der Unfreiheit zu wuchern begonnen hat. –

Auch hier werden die Zeichen nicht richtig erkannt, denn die meisten Menschen lassen sich vom „System" behandeln, so dass sie weiterhin ihren Zweck erfüllen,. Da sie die Symptome der Degeneration nicht mehr, oder nur noch im erträglichem Maße spüren bleiben sie weiterhin für das System **nutzbar**. Aus ihrer Substanz nähren sie z.B. die Schulmedizin.

Nur wenige setzen sich mit ihrem Unwohlsein wirklich eigenverantwortlich auseinander und finden so zur Eigenkompetenz, Lösungen aus sich selbst heraus zu erschaffen, was gleichsam echte Heilung bedeutet!

Bewusst oder Unbewusst suchen *ALLE* Erwachten und Sehenden etwas, was sie alle eint, - egal, wie unterschiedlich sie auch sein mögen. In dem was uns alle *EINT* sind wir alle *GLEICH* und was jeder für sich selbst tut, tut er auch für alle anderen!

Es ist der Seinszustand wahrhafter Freiheit, von dem man nur eine vage Vorstellung aufbringen kann, weil sie in den künstlich um uns herum erschaffenen Gesellschaftssystemen, nur noch als Fiktion bestehen kann. Man versucht den Seinzustand durch die „Freiheit" des *Konsumierens* zu erlangen, was jedoch nicht gelingen kann; - man muss raus aus dem System, rein ins natürliche Sein; - dort wird man finden, wonach man im System vergebens sucht! – Um ein ***freier Mensch*** zu sein, muss man auf all das verzichten, was einen im System zur **Person** machte. Das Leben eines freien Menschen definiert sich nicht durch *HABEN* sondern nur durch ***SEIN***!

Durch all das was wir tun, um aus dem Laufrad des *NUTZENS* herauszukommen, erschaffen wir neue Räume der Freiheit und nutzbare Wege, diese erreichen zu können.

Wahrscheinlich werden wir nie dauerhaft im Seinsgefühl der Freiheit aufgehen können, doch werden wir am Ende unseres Lebens feststellen und stolz darauf sein, dass wir unser Leben dem ***Nutzen der Schöpfung*** unterstellt haben. JEDER Mensch kommt mit einem Herz voller Liebe und Wissen auf diese Welt! – Durch unser TUN und den MUT es auch zu tun, erschaffen wir erweiterte Freiheit in vielen Bereichen und neue Möglichkeiten, dass sich die Licht-Saat in unseren Kindern immer mehr entfalten kann. – Frei nach Siegmund Freud:

Der Mensch ist das Produkt seines Umfeldes!

Das Umfeld wiederum wird reguliert von der Güte der Ordnung (= Werte). Die Güte dieser Ordnung wiederum entspringt dem Maß der vorhandenen Freiheit. Das Maß an Freiheit, - also was wir zulassen oder nicht, - das bestimmen wir selbst, - oder besser formuliert, - wir sollten es wieder selbst bestimmen!

Der Ausstieg aus dem System wird zum Kampf, wenn wir falschen Werten, oder Werten mit nur geringer Ordnung folgen. Wenn wir das, was für die Befreiung aus dem *Tyrannen-System* zu tun ist, mit Werten einer hohen Güte verrichten, wird es keinen Kampf geben sondern lediglich Übergänge, die vielleicht nicht immer harmonisch verlaufen, jedoch voll sind von wichtigen Lernprozessen, die fortan unser Sosein prägen. –
Wir *kämpfen* nicht, sondern wir **transformieren**! – Alles ist Energie und Energie kann niemals verloren gehen[2], - sie kann nur transformiert werden! – Und die Transformation erfolgt durch uns, - durch jeden Einzelnen, der diese Transformation bewusst in seinen Taten, Gedanken und Gefühlen einleitet, indem er sich *freiwillig* und damit *bewusst* dafür entscheidet!

So ist der Ausstieg bereits die Transformation unseres Werte-Systems und wenn man daran aktiv teilnimmt, entsteht am Ende der „**Freie Mensch**", der sich dann wahrscheinlich ganz anders darstellt, als er es erwartet hätte! – Lasst uns also sein wie die Kinder: Lasst uns tun, was zu tun ist und lassen wir uns überraschen, was daraus entsteht!

Der Mensch denkt – Gott lenkt

Daher kommt alles anderes, als man denkt, denn das, was sich noch nicht erfahren hat, kann auch nicht erdacht werden!
Geben wir daher das Beste was wir zu geben geben haben und lasst uns darauf vertrauen, dass das Ergebnis der Güte unserer Beweggründe enstpricht.

---

[2] Siehe Thermodynamik: Energie-Erhaltungssatz.

SCHICKSALSJAHR 1918

Beginnen wir bei *Papst Leo XIII* und seine Botschafter beim „*heiligen Stuhl*", die willige Helfer beim diplomatischen Spiel und die russisch-französische Annäherung suchten und fanden. Da eine *französisch-russische* Militärallianz den Kern des künftigen Dreierverbandes („*Triple-Entente*"[3]) bilden sollte, musste zunächst das Kunststück vollbracht werden, die liberale französische Republik und den autokratischen Polizeistaat des russischen Zaren einander anzunähern. Warum war der Papst wohl interessiert daran, eine so kompakte Militärmacht zu bilden? –
Die Erklärung findet sich in der Souveränität, die man den **deutschen Bürgern** gewährte und *Otto von Bismark* hat diese über den Tod hinaus verankert! – Damit hat er dem „*heiligen Stuhl*" die Leibeigenschaft über den deutschen Bürger streitig gemacht, was den real regierenden Machtkonglomeraten ein gewaltiger Dorn im Auge war! –
Mit den Schrecken des Krieges wollte man die „*Inquisition*" am *deutschen Bürgertum* vollziehen und ein für alle mal dafür sorgen, dass den Menschen die Lust an einem selbstbestimmten und freien Leben verging! - Sie sollten ihren Nutzen fortan der vorherrschenden Macht unterstellen.
Diese, wohl einzigartige Souveränität, wurde im *Deutschen Kaiserreich* verankert dessen Rechtsfähigkeit bis heute erhalten ist! – Es ist aber nicht mehr so einfach wieder in den *Personenstand* eines **Deutschen Reichsbürgers** zu gelangen. Man hat auf dem Kaiserreich alle nachfolgenden Reiche und Handelskonstrukte errichtet, was uns heute so große Probleme macht, wieder in den Bürgerstand des Kaiserreiches zu gelangen, zumal wir kein völkerrecht-

---

3 Triple-Entente, kurz Entente stammt von "Einvernehmen", "Vereinbarung", "Absprache" und war ein Militärbündnis zwischen dem Vereinigten Königreich Großbritannien, Frankreich und Russland.

liches Staatsgebiet mehr haben! – Das müssen heute die Menschen zurückholen, welche wieder erfolgreich in den Personenstand des **Kaiserreichbürgers** eingetreten sind, womit sie sich das Recht erwerben, wieder beschlussfähige Gemeinden in den Gemarkungen des Kaiserreiches zu aktivieren!

Der *I. Weltkrieg* wurde noch von *souveränen Staaten* erklärt. Diese und viele andere damals souveräne Staaten hatten zwischen *1907* und *1910* einen völkerrechtlichen Vertrag über die Regeln des Krieges und der Besatzung abgeschlossen, die *Haager Landkriegsordnung* (HLKO).
Dieser Vertrag ist **bis heute** ungekündigt und damit gültig.
Da ab der 2. Hälfte des 18. Jahrhunderts, aber verstärkt nach dem I. Weltkrieg und der Fortführung des WK I durch *Waffenstillstandsbruch* im Jahr 1939, immer mehr Staaten vom Staatsrecht ins Handelsrecht wechselten, ist eine Kündigung durch Staaten im Handelsrecht nicht möglich.

Nach Kriegen mit Frankreich, gefolgt vom I. WK, konnte der **Deutsche Bund 1871** nur mit Russland *im Jahr 1918* den **Friedensvertrag von Brest-Litowsk** schließen.
Offenkundig erhöhte man den Druck auf die Staaten des *Deutschen Reiches* um diese in Handelsunternehmen umzustrukturieren, wobei man sich solcher Mittel wie Kriege, Hunger und Kriegsschulden bediente.
Die *Melk-Kuh* war angezapft und nun mussten sich die Siegermächte nur noch weigern, einen **Friedensvertrag** zu unterschreiben, was sie bis zum heutigen Tag auch nicht getan haben! Nach wie vor sind wir im **Besatzungsstatus**!
Letztendlich besteht mit der *Weimarer Republik*, dem *3. Reich* und der *BRD* unter Besatzungsmacht immer noch der Kriegszustand. – Ok, wir sind im *Waffenstillstandsmodus* der aber jederzeit von den Siegermächten, ohne Vorankündigung, beendet werden kann! –
Plötzlich wäre Krieg und deutsche Söhne dienen den Besat-

zern als Söldner, die alles zu tun haben, was man ihnen abverlangt! – *Und,* - schon mal was vom *Recht der Kriegslist* gehört? – Dieses ist ausdrücklich in der **HLKO** erlaubt, was den Besatzern sehr gelegen kommt. Mit der *Kriegslist* darf der Besatzer nämlich das besatzte Volk täuschen, belügen und betrügen! – *Ach ja,* - das kennen wir doch schon von unseren *Partei-Diktatoren!* –

Die Gültigkeit der *Haager Landkriegsordnung* macht es den deutschen Völkern aber auch möglich, sich friedlich und in Übereinstimmung mit allen völkerrechtlichen und handelsrechtlichen Verträgen aus der Besatzung, durch einen *Friedensvertrag zum I. Weltkrieg* zu befreien.
Nur ein Friedensvertrag würde die **volle Souveränität** der deutschen Völker herbeiführen und das Handelsrecht in diesem Land beenden. Dazu müssen aber die Gemeinden in den *Gemarkungen* zur Zeit des *Deutschen Kaiserreiches* in Kraft treten, aktiviert von **Bürgern**, die sich durch einen *Staatszugehörigkeitsnachweis,* - der „Gelbe Schein",- diesen Status zurückerworben haben! – Dazu später mehr.

Wie weitreichend das *Vertrags-/Handelsrecht* ist, zeigt sich am Beispiel der *russischen "Zentralbank".*
Lenin brauchte für seine Revolution in den Jahren 1917/18 goldgedecktes Geld. Dies bekam er vom *Bankier Warburg.* Gegen die Zusicherung für **99 Jahre** die russische Zentralbank leiten zu können. - Dieser Vertrag läuft **2016/17** aus!

Die Auseinandersetzung zwischen den USA und Russland, die gerade auf dem Boden der EU ausgefochten werden, lassen sich u.a. auch darauf zurückführen, dass die *Russische Föderation* wohl nicht verlängern möchte (Sanktionspolitik und militärische Einkreisung). Alle Verträge und gegründeten Vereine wie die UNO, Nato oder die EU, wären dann von einem **souveränen Deutschen Staat** nicht anerkannt!

Da die **UNO** nur auf der *Feindstaatenklausel* u. a. gegen Deutschland aufgebaut wurde, müsste sie sich auflösen und einem weltweiten Völkerbund mit Mehrheitsentscheidungen der Völker der Welt Platz machen.
Vetoentscheidungen einzelner Staaten wären dann nicht mehr möglich. Wir können erahnen, wie sich die Möglichkeiten zum *I. Weltfrieden* durch uns erschaffen lassen, - ja sie basieren sogar auf unserem Engagement! –

Warum durch uns? – Ganz einfach, - die *Deutschen* haben eine tragende Rolle bei dem Umbau der Staatsgebiete in Handelsgebiete, mit fatalen Folgen für die Menschen, welche durch das Handelsrecht, ihren **Status als Mensch** und ihr **völkerrechtliches Staatsgebiet** verloren! –
Konkludent stimmt jedes Neugeborene mit dem Eintrag in die *Geburtsurkunde* zu, eine **juristische Person**, - also ein Träger von Rechten und Pflichten zu sein. Ohne es zu wollen oder zu wissen, stimmt jeder Mensch (konkludent) zu, sein *Menschsein* abzulegen, um als *Personal* in der *BRaD (Bundesrepublik **auf** Deuschland)* seiner **Nutzbarkeit** zu dienen. Das scheint ganz normal zu sein, doch macht sich die Wirkung dieser Anomalität erst dann bemerkbar, wenn es um die <u>Wahrung von Menschen-/Bürgerrechten</u> geht!

Die sind nämlich im Handelsgesetz nicht vorgesehen und man müsste sich sein Recht am *Internationalen Gerichtshof* (IGH) erstreiten. Doch das geht nur für Menschen, zu denen z.B. ein Bürger eines Staatsvolkes zählt. Aber das sind wir nicht! – Wir sind nach wie vor nur ein **besatztes Land**, eine „*Non Governmental Organisation*" – **NGO**.
Es gibt keine Instanz, wo eine *Person* seine Menschenrechte einfordern kann, weil eine *juristische Person* keine hat!!
Deswegen ist es so wichtig, wieder Mensch zu werden, so seltsam sich das auch anhört. Machen wir noch einmal einen Ausflug in die Geschichte und betrachten wir uns den Anfang dieser unmenschlichen Handelskonstrukte.

Der I. Weltkrieg war beendet, *Kaiser Wilhelm II* hatte am *28. November 1918* abgedankt und es gab keine legitime Regierung und Monarchie mehr.
Nach dem Völkerrecht hätte jetzt **das Volk** über die weiteren Geschicke des Landes abstimmen müssen.
Es kam anders. - Während sich das Volk stritt und uneinig war, nutzten die Parteien ihre Chance! – Diese waren im Kaiserreich ohne politischen Einfluß bis zum Tage ihrer Selbstermächtigung, am **9.11.1918** durch *Phillipp Scheidemann* (SPD). Ohne Zustimmung des Volkes (Souverän) war dies zum damaligen Zeitpunkt schon völkerrechtswidrig und damit nichtig. Das änderte sich nach deren Machtübernahme. Um Macht und Reichtum vor den Besatzern zu schützen, rissen die Parteien im allgemeinen Durcheinander die Staatsgewalt an sich. Zu dieser Selbstermächtigung das Zitat eines damals bekannten Zeitzeugen:

„Aus Angst um den Beuteanteil entstand auf den großherzoglichen Samtsesseln und in den Kneipen von Weimar die **deutsche Republik***, keine Staatsform,*
sondern eine Firma. In ihren Satzungen ist nicht vom Volk die Rede, sondern von PARTEIEN; nicht von Macht, von Ehre und Größe, sondern von PARTEIEN. Wir haben kein Vaterland mehr, sondern PARTEIEN; kein Ziel, keine Zukunft mehr, sondern Interessen von PARTEIEN. Und diese PATREIEN – noch einmal: keine Volksteile, sondern Erwerbsgesellschaften mit einem bezahlten Beamtenapparat, die sich zu amerikanischen Parteien verhielten wie ein Trödelgeschäft zu einem Warenhaus – entschlossen sich, dem FEINDE **alles** *was er wünschte auszuliefern,* **jede** *Forderung zu unterschreiben, den* **Mut** *zu immer weitergehenden Ansprüchen in ihm* **aufzuwecken***, nur um im Innern ihren eigenen Zielen*

nachgehen zu können."[4]

Oswald Spengler, Philosoph 1924 (Zweibändiges Werk über den *„Untergang des Abendlandes"*).

Mit dieser Handlung beginnt der Weg des deutschen Volkes in die Knechtschaft, die bis heute andauert, - das menschliche Individuum wird seitdem als Sache verwaltet, ähnlich wie bei der Massentierhaltung.

Durch die Errichtung einer Verwaltungsorganisation die dem Handelsrecht unterliegt, können alle Entscheidungen von den Geschäftsleitern (Politiker/Parteien) getroffen werden. Auch das lästige Völker- und Menschenrecht hat im Bezug auf eine Handelsware keinen Einfuß.

Stellt Euch vor, Ihr habt einen Arbeitsvertrag, worin Ihr euch bestimmten Pflichten und Rechten unterwerft.
Wenn ihr nun gegen den Vertrag verstoßt, dann habt ihr mit eurer Unterschrift zugestimmt, dass ihr die Konsequenzen in Kauf nehmt. Da zählt es nicht, dass ihr *Mensch* seid und vielleicht einen menschlichen Fehler gemacht habt. Mit der Unterschrift auf dem Arbeitvertrag ist man zur *Person* geworden, - zu einem *Träger von Rechten und Pflichten*, der im Falle einer Sanktion bei Nichterfüllung, nicht die Menschenrechtskonventionen nutzen kann.

Im ***Jahr 1918*** endete also der ***deutsche souveräne Staat***.
Er hat seine **_Rechtsfähigkeit_** allerdings nie verloren! –
Diese Rechtsfähigeit kann aber nur von souveränen ***Bürgern*** genutzt werden, - nicht von *besatzten Personen*! –
Die Änderungen an der Verfassung kann nach dem gültigen Völkerrecht ebenfalls nur der Souverän im Sinne eines

---

[4] Quelle: Zeit-Online vom 9. Juli 1993

Volkes von Bürgern vorgenommen werden, das aber erst nach der Ratifizierung eines Friedensvertrages zum I. WK, wieder ein Staatsvolk werden kann.

Wir sollten uns aber davor hüten, wie es die Alliierten in ihrer Anordnung *Grundgesetz* verlangen, eine neue Verfassung zu fordern! - Wir könnten dann den Bezug zu unserer Abstammung verlieren. Wenn die preußische Verfassung so vom Souverän abgeschafft wird, geht die Staatsangehörigkeit dadurch verloren. – Man darf nie vergessen, dass die Alliierten Besatzer in Deutschland den größten Menschenrechtsverstoß in der Geschichte der Menschheit begingen. Der *Deutschenhasser*, Winston Churchill, hat nach Beendigung des Krieges die Menschenrechte der Deutschen ausgehebelt, indem er aus den Menschen *„personalisierte Waffen"* machte, mit denen man machen konnte, was man wollte, - die Welt hat weggesehen oder wurde desinformiert, als mehr als 3,5 Millionen deutsche Zivilisten bestialisch abgeschlachtet wurden , - von **allen** Besatzern; - und es waren die eigenen Parteien, welche dies aus Habgier und Feigheit überhaupt erst möglich gemacht haben, - *Personen, - Kriegsmaschinerie, -* haben *keine Menschenrechte, -* nicht während des Krieges, z.B. die vielen Brand- und Splitterbomben-Angriffe auf die **Zivilbevölkerung**, oder in der Gefangenschaft mit Folter, Vergewaltigung und allen weiteren Abarten, die auch im Besatzungsalltag vollzogen wurden! – Das *verkaufte Volk* musste lange ein hartes Leid durchwandern und je mehr ich darüber recherchierte, umso größer wird mein Respekt und meine Achtung gegenüber den Menschen, die das noch aus eigener Erfahrung wissen. Obwohl Churchill mit seinen Maßnahmen den *„Deutschen"* einen Todesstoß versetzen wollte und es bis nahezu zur Leblosigkeit ausbluten ließ, stand es erneut auf! – Vom ärmsten Volk Europas, dem man ALLES nahm, erwuchs aus der inneren Tugend eine Kraft, die es erneut vermochte, das Land wieder aufzubauen. Das war eine Leistung, die das „*verkaufte Volk*“ erbrachte, - nicht die Parteien, - **das Volk**, - jeder einzelne davon auf die seine Art. Auf diesen Akt dürfen wir wirklich stolz sein und wir sollten die Kraft, die aus diesem WIR entsteht suchen und fördern. Bei den heutigen Ereignissen können wir erkennen, was die Presse mit der Wahrheit macht, weswegen es sehr wichtig ist, sich von den Mainstream-Medien unabhängig zu informieren! – Es geht gar nicht so um die rationale Durchdringung des Themas sondern darum, dass man über die direkte Konfrontation ein Gefühl aufzubauen vermag, - ein **WIR-Gefühl**, das einst sehr stark in unsere Wesenskultur geprägt hat.

Man sollte nicht warten, bis die Not in das **WIR-Gefühl** führt um zu überleben, sondern die Kraft aus diesem Seinszustand dazu zu nutzen, um vom angeschlagenen Sein in die Heilung zu kommen!

Denken wir einmal weiter: Was werden Menschen in 10, 20 oder gar 50 Jahren von den Dingen sehen, die gerade ablaufen? – Sie werden nur auf das Zugriff haben, was in den Mainstream-Medien gezeigt und archiviert wurde.

YouTube oder Sozial Foren, ebenso Online Magazine können leicht *entsorgt* werden und im Laufe der Jahre dünnen die Informationen, - wie es tatsächlich war,- immer mehr aus, - die Zeitzeugen sterben, die Lebensumstände verändern sich, so dass man mit der Zeit jede Möglichkeit verliert, einen objektiven Bezug dazu aufzubauen, was **wirklich** war. – So gerät die Wahrheit über den tatsächlichen Hergang der Dinge in den Raum der Mythen, was sich fatal auswirkt, wenn man auf die gültigen Rechtskreise dieser „Mythen“ zugreifen will!-

Wer nicht Opfer der Lüge werden will, muss die Wahrheit kennen und den Mut haben, sie zu leben!

Ich kann daher nur jedem empfehlen, sich auf die „*Deutsche Geschichte*" einzulassen, um über eine selbstbestimmte Meinungsbildung in das objektive Seinsgefühl seines ***deutschen-So-Seins*** zu kommen.

BESATZTE SACHE

Ohne Staatsangehörigkeit stehen wir ungeschützt im Handelsrecht und sind objektiv betrachtet, leblose Sachen, die <u>rechtmäßig</u> und nutzbringend verwaltet werden.
Wir sollten die Verfassungen unserer jeweiligen Bundesstaaten nur ergänzen und ändern, d. h. sie den heutigen Lebensumständen anpassen und wir sollten in Zukunft achtsam mit unseren Worten sein. Das Recht ist darauf aufgebaut, Wörter in ihrer bedeutungsvollen Tiefe in Wirkung zu bringen. Hierzu ein Beispiel:

Der Begriff, - ***Staatsangehöriger***:

Ein *Staatsanghöriger* ist die **unterste** Rechtsform eines Staats**zu**gehörigen. Aus einer Staats-/zu, bzw. –angehörigkeit lassen sich keinerlei ***Bürgerrechte*** herleiten.
Flüchtlingen/Migranten wird in Deutschland auch ein Personalausweis/Pass ausgestellt, welcher, wie auch für alle anderen *Staatsangehörigen,* nur eine deutsche *Staatsangehörigkeit* ***VERMUTEN*** lässt.
Ein Nachweis über Bürgerrechte wäre der Eintrag unter **"Nationalität: Deutscher"** statt nur "*deutsch*". Dies darf die BRD als Verwaltung aber nicht.

Die Verwendung der Bezeichnung **"Deutscher"** für Personalausweis/Passinhaber der BRD, wäre nach **RuStaG** widerrechtlich. Die Formel: *"Deutscher im Sinne dieses Gesetzes ist, wer die deutsche Staatsangehörigkeit besitzt."* StaG §1 ist eine hohle Phrase, weil das *"im Sinne des Gesetzes"* alles *Mögliche* bedeuten kann.
Nach **RuStaG 1913** ist die Staatsangehörigkeit ganz klar definiert: *"Deutscher ist, wer die <u>Staatsangehörigkeit **in** einem Bundesstaat</u> (§§ 3 bis 32) oder die **unmittelbare** Reichsan*gehörigkeit (§§ 3 bis 35) besitzt".

Wobei ein *Deutscher* hier den **Rechtsstatus eines Bürgers** besitzt, (siehe Reichsverfassung/BGB 1871 bzw. preussische Verfassung 1850), welcher mit **erheblichen Rechten** bekleidet ist. Insofern ist die begriffliche Vermischung oder Gleichstellung von *Staatsangehörigen* und *Staatsbürgern* eine vorsätzliche Täuschung! - Die Verfassung darf nur vom Souverän geändert werden. Sie ist die Gebrauchsanleitung für *unsere Angestellten* in den Verwaltungen. Damit behält der Souverän (WIR) die Macht in seinen Händen, wie es sein sollte, aber noch nie war! Die Deutschen hatten mit Bismark einen großen Verfechter des Bürgertums, das im Kaiserreich den Tod überdauerte. Damit hat man im Deutschen Kaiserreich zu versuchen erreicht, den Bürger durch seine Rechte, aus der Leibeigenschaft der Kirche zu verbringen! – Finden wir hier die Erklärungen, warum die *Römische Kirche* und das *englische Königshaus*, das eng mit der Kirche verbunden ist, daraus u.a. die Weltkriege mit dem Ziel, die Deutschen und ihre Bürgerrechte ein für alle mal zu vernichten, initiierten? – Doch wieder zurück zu unserer verhängnisvollen *Parteien-Geschichte*, die nur entstehen konnte, weil das **Volk uneinig** war und schweigsam alles akzeptierte, was man mit ihm machte! *Das Schweigen der Lämmer* machte die *Selbstermächtigung der Wölfe* erst möglich!

Alle sogenannten *Regierungen* nach 1918 waren *Mandatsregierungen im Handelsrecht* und *im Auftrag von Dritten, -* den Siegermächten!

Horst Seehofer beschrieb dies vor laufender Kamera so:

„Die, die gewählt sind, haben nichts zu sagen und die, die nicht gewählt sind, haben das Sagen." -

Das war bei der *Weimarer Regierung* und im Jahr 1933 bei der Regierung unter *Adolf Hitler* jeweils durch Selbstermächtigung. Der I. WK wurde nur durch einen nach dem Völkerrecht möglichen Waffenstillstand unterbrochen.
Im völkerrechtlichen Vertrag von *1907/1910* der *Haager Landkriegsordnung (HLKO)* ist dies festgelegt:

Art. 36 [Folgen des Waffenstillstandes; Aufnahme der Kampfhandlungen]

Der Waffenstillstand unterbricht die Kriegsunternehmungen kraft eines wechselseitigen Übereinkommens der Kriegsparteien. Ist eine bestimmte Dauer nicht vereinbart worden, so können die Kriegsparteien *jederzeit* die Feindseligkeiten wieder aufnehmen, doch nur unter der Voraussetzung, daß der Feind, gemäß den Bedingungen des Waffenstillstandes, rechtzeitig benachrichtigt wird.
Der Krieg kann **nur durch einen Friedensvertrag** beendet werden.

Diesen Friedensvertrag zum I. WK haben wir bis heute noch nicht. Der sog. II. WK ist ein Waffenstillstandsbruch und die Fortsetzung des I. WK.
Nach dem I. WK ist nicht nur unser Land ins Handelsrecht verkommen. Die Alliierten waren schon im Handelsrecht und so trafen im Weltkrieg *Völkerrecht* (Deutsches Kaiser-

reich) und *Handelsrecht* aufeinander, - das *Völkerrecht* unterlag dabei!

<u>Beispiel:</u> Der I. WK wurde mit Russland, dem zaristischen Kaiserreich geführt. Die Fortsetzung des I. WK wurde mit der *Union der Sozialistischen Sowjetrepubliken* geführt.
Heute nennt sich die Firma *Russische Föderation* und Herr Putin ist der Geschäftsführer.

Wir erinnern uns an den **2+4 Vertrag**? - Dort hat die *Union der Sozialistischen Sowjetrepubliken* unterschrieben und nicht die *Russische Föderation*! - Wie kann das sein?

Bei uns ist das Kaiserreich noch rechtsfähig. Es wurde durch den Souverän nie außer Kraft gesetzt.
Darüber wurde im Handelsrecht die *Weimarer Republik*, das sogenannte *3. Reich*, die *Vereinigten Wirtschaftsgebiete* und zum Schluß die *Bundesrepublik Deutschland* gepackt.
Alle Handelsfirmen sind die Fortsetzung der jeweils ersten. In unserem Fall, der **Weimarer Republik**. Siehe *GG Art. 140* (Weimarer Verfassung).

Es gibt Gruppen, die schon erfolgreich versuchen aus der Matrix rauszukommen, indem sie den sog. „*Gelben Schein*" über das Ausländeramt bei der Besatzungs-Verwaltung in New York anfordern. Um ans gewünschte Ergebnis, den „*Staatsangehörigkeitsnachweis*" in den Grenzen des Kaiserreiches zu kommen, muss man einiges an Vorarbeit leisten. Wer diesen Weg gehen oder sich noch tiefer in die Materie reinarbeiten möchte, der findet auf der **Hannes-Pharma-Hompage**[5] eine kompetente Führung.

<u>Doch Vorsicht:</u> Man muss den Behördenweg gehen, auf dem man nur Menschen findet, die zu verhindern suchen,

---

[5] www.unbequemewahrheiten.de

die Menschen wieder in die Bürgerrechte zu bringen! –
Behörden sowie der gesamte wirtschaftliche und politische
Apparat existieren nur durch die LÜGE und Unwissenheit!
Das sind die *4 Affen im Käfig* die darauf aufpassen, dass keiner an die *verbotene Banane* kommt!!

Im Fall der *Sozialistischen Sowjetrepubliken* ist die *Russische Föderation* auch nur die Fortsetzung.
Als abschließende Konsequenz aus den handelsrechtlichen Mandatsregierungen, können auch alle von ihnen abgeschlossenen Verträge nur Handelsverträge sein!

<u>Merke:</u> Vertragsrecht bricht Völkerrecht!

Es gibt aber sehr unterschiedliche, aus meiner Sicht ernst zu nehmende Einwände, z.B. gegen die Notwendigkeit eines Friedensvertrages und auch im Bezug auf die historischen Abläufe weswegen ich dringend auf die Notwendigkeit hinweise, dass man sich selbst eine Meinung bilden muss. Die bereits benannten Fakten sind als „*roter Faden*" und Impulse zur Eigenrecherche zu verstehen. Aus diesen Bezügen leitet sich lediglich das Verständnis für den *Status Quo*, - also der Wirkung im Jetzt, - ab und es soll als Initiator zum Verständnis betrachtet werden, die Sklaverei in ihrem Mechanismus zu verstehen.
Das, was wirklich wichtig ist, das sind die Handlungen im Jetzt sowie die Einsicht zur dringenden Notwendigkeit, seinen Personenstand zu ändern! – **DER MENSCH** kündigt den *Personal-Vertrag* und geht aus dem Handelsrecht ins Menschenrecht!
Daher ist es von vorrangiger Wichtigkeit alle Verträge zu kündigen, die man wissentlich, aber auch unwissentlich, - *konkludent*, - eingegangen ist. Damit gehen wir zu einem ganz wichtigen Vertrag, den man möglichst schnell ablegen sollte! –

Der Personal-Ausweis!

SKLAVENBAND PERSONALAUSWEIS

Wir werden als lebendige Wesen geboren, zu einer Person gemacht und rechtskonform als Sache in das Handelssystem integriert. Die Wandlung von Staaten in Unternehmen, wurde vom englischen Königshaus, machthabenden Familien (z.B. Bänker) und der Kirche im *Jahr 1666,* eingeleitet durch ihre erlassen **Bullen** (siehe „Macht der Kirche") über den *Cestui Que Vie Act („Sklaven ohne Ketten")* durch das *See-Handelsrecht* umgesetzt! – Darin heißt es übrigens auch, dass derjenige als tot gilt, der sich nicht innerhalb von *7 Jahren lebend meldet* und mit seinem Tod *verliert er Hab und Gut, sowie alle Rechte*!

Mit *Napoleon* kam der *Code civil*, - der Beginn der ersten *Personenstandsaufzeichnungen*; - ab *1933* wurde allen Bewohnern der westlichen Welt angeordnet, mit ihrer *Geburtsurkunde* eine *Steueridentifikationsnummer* zu erhalten, wodurch sie zur **rechtlichen Person** nach Seerecht werden. *1939* trat die *Personalausweispflicht* in Kraft, mit der man der *juristischen Person* das **Recht** auf *Eigentum, Heimat und Staatszugehörigkeit entzog!*

Das hat auch noch weitere Folgen! – Auf der Rechtsgrundlage des *englischen Seerechts* hat man eine rechtsfähige Form konstruiert, die lebendig geborene Jungen und Mädchen (*Geburts<u>schein</u>*) in eine **PERSONA** (*Geburt<u>surkunde</u>*), - also in eine *tote Sache* umwandelt! –

Im *Einzelschuldbuch* der **BRD Finanzagentur GmbH** wird damit ein *Werte schaffendes Leben* in einem Treuhandfond in Form einer Sache, bzw. juristische Person zum Aktienmarkt gegeben und gehandelt. Der Wert einer Person beginnt bei ca. *1,7 Mio. Euro* und expandiert unbegrenzt nach oben. Über die *Personalausweisnummer* ist man nun gemarkert und bei den *Banken/FED* verpfändet!

Die Treuhänderschaft ist in einen Vertrag gebunden, der durch den **entgegengesetzten Willen** einer nach *GG Artikel 116 gültigen Staatsangehörigkeit,* zum Ausdruck bringt.
Mit dem Personalausweis hat man die Staatsangehörigkeit verloren und ist im Status **Cestui Que Vie**, - als ein *Sklave ohne Ketten,* etabliert! – Damit ist man Weisungsgebunden an die *Verordnungen des Handelssystems,* wozu z.B. die Melde-, Steuer-, Impf- oder Schulpflicht und das Dulden von Überwachung, pseudo-hoheitlichen Rechtsumsetzungen und auch das Einsetzen von Chips, gehört!

Nach **1949**, in der sog. *Bundesrepublik Deutschland,* stand in unseren Ausweisen nur noch **Name** und nicht mehr *Familienname.* Das gültige internationale deutsche Gesetz, das **HGB vom 10. März 1897 besagt im Art. 17.**

„Die Firma eines Kaufmannes ist der **Name**, [...]“.

Durch diese weitere Täuschung konnten die Staatsangehörigen der jeweiligen Bundesstaaten ausgeraubt werden. (Siehe z.B. Lastenausgleich[6] 1952.) Bei einer *natürlichen Person* müsste gem. Gesetz ein *Familienname* eingetragen werden. Der Leser möge nun in seinem Ausweis prüfen, ob er eine *natürliche Person,* oder eine *juristische Person,* also eine *unbeseelte* Sache ist. Das Völker- und Menschenrecht zielt explizit auf Angehörige eines **Staatsvolkes** ab!

Dienen Personalausweis und Reisepass damit überhaupt zur Verifikation der deutschen Staatsangehörigkeit?
Das *Landratsamt München* schreibt auf seiner

---

[6] http://www.1000dokumente.de/pdf/dok_0234_lag_de.pdf

Internetseite (Stand: 17.07.2015):

Zum verbindlichen Nachweis über den Besitz der deutschen Staatsangehörigkeit wird auf Antrag ein Staatsangehörigkeitsausweis ausgestellt. Reisepass und Personalausweis sind dagegen <u>keine</u> sicheren Nachweise für den Besitz der deutschen Staatsangehörigkeit.

Im *Personalausweisgesetz* wird explizit auf juristische und natürliche Personen (§ 1 BGB von 1896) hingewiesen.
De facto besitzt die *juristische Person, die durch den Personalausweis ausgewiesen wird*, **keine Menschenrechte**, da sie ja keine Staatsangehörigkeit besitzt und konkludent zustimmt, sich der Ordnung und dem Recht des Systems unterzuordnen, wodurch sie einen Vertrag schließt, der das Menschenrecht aufhebt! –
Wer also einen Personalausweis besitzt, der hat die **Arschkarte** und ist der Willkür des Systems ausgeliefert!
Der genaue Gesetzestext dazu:

§ 28 Antrag - Personalausweisgesetz (PAusw.V)
(1) Um das Vorliegen der Voraussetzungen des *§ 21 Absatz 2 Satz 1* des Personalausweisgesetzes überprüfen zu können, muss ein Antrag nach *§ 21 Absatz 1 Satz 1* des Personalausweisgesetzes enthalten:

1. Angaben zur Identitätsfeststellung von juristischen und natürlichen Personen; bei *natürlichen Personen* sind dies insbesondere der *Familienname*, die *Vornamen*, der Tag und der Ort der Geburt sowie die Anschrift der Hauptwohnung; - bei *juristischen Personen* sind diese insbesondere der *Name*, die Anschrift des Sitzes, die Rechtsform und die Bevollmächtigten; außerdem ist in diesem Fall eine Kopie des Handelsregisterauzugs oder der Errichtungsurkunde beizulegen.

Das war aber noch nicht alles, was sich hinter dem Personalausweis verbirgt! – Aus Mangel an Wissen erkennt man ganz augenscheinliche Dinge nicht, - woher denn auch, sie werden nie gelehrt!

Die Bedeutung der Groß-/Kleinschreibung geht auf das *römische Recht* zurück, welches zum großen Teil unser Rechtssystem prägt. Das römische Recht kennt folgende Begriffe zur Änderung oder Schmälerung des rechtlichen Status, der auch heute noch in seiner Bedeutung erhalten ist. Auch wenn man nichts davon weiß, ändert das nichts an der Wirksamkeit - *capitis deminutio*:

In diesem Kontext gibt es *drei* grundlegende Statusbeschreibungen für „Menschen".

capitis deminutio minima
Wechsel in der Familienzugehörigkeit (z.B.: Max Frei)

capitis deminutio media
Verlust des Bürgerrechts und der Familienzugehörigkeit (Beispiel: Max UNFREI)

und

capitis deminutio maxima
Verlust der Freiheit, des Bürgerrechts und der Familienzugehörigkeit (z.B.: MAX SKLAVE)

Prüft euren Personalausweis, Reisepaß, Staatsangehörigkeitsurkunde etc. und findet heraus, was ihr seid!

Der Personalausweis ist ein *stillschweigender* Vertrag mit einschränkenden Rechten. Man stimmt freiwillig zu, als Mensch zum Träger von Rechten und Pflichten zu werden, zur juristischen Person, die gemäß HGB abgefertigt und ausgenutzt werden darf wobei sie auch noch die **maximale** Einschränkung ihrer Rechte billigt, - innerhalb des Staatskonstruktes, sowie auf der ganzen Welt!

Wenn Recht zu Unrecht wird, wird Widerstand zur Pflicht.

Berthold Brecht

Kurz zum geschichtlichen Hintergrund:
Im alten Rom kam ein Senator auf die Idee, die Sklaven genauso einzukleiden wie den Rest der Bevölkerung, damit sie sich gegenseitig nicht erkennen, und nicht wissen wie viele sie sind. – Dahinter steckt die größte Angst diktatorischer Beherrscher, nämlich dass die Sklaven erkennen, wie viele sie sind. Das würde sie nämlich stark machen und auffordern, gemeinsam aufzustehen, um die Ketten der Sklaverei zu sprengen, - keiner ist gerne Sklave! – Oder? – Heute ist es allerdings so, dass die wenigsten verstehen, dass sie Sklaven sind! – Sie sind wie *„Stallkühe“* angepasst und empfinden ihre Unfreiheit nicht als Sklaverei! – Der passende Wortlaut hierzu: ***„Das ist halt so!“*** oder
„Da kann man halt nichts machen!“

Um sie dennoch zu unterscheiden, schrieb man ihre Namen mit Großbuchstaben. Außen sahen also alle gleich aus, - die Sklaven, - die Halbfreien und die Freien, denn alle werden am Ende benutzt, wobei die Halbfreien und Freien schon was für ihr Privileg der Freiheit tun mussten. So wurden sie in die Pflicht der Sklavenaufsicht genommen und so ist es auch heute noch! - Wenn die Menschen nicht aufwachen, dann wird auch die letzte Chance vergehen, sich aus der Sklaverei zu befreien. – Wirklich frei sind nur die wenigen, die alle knechten! - So erzeugt man einen Mangel am Geburtsrecht und macht daraus ein Privileg!

Hier noch eine kleine Anekdote zu meiner Personalausweis-Entsorgung beim Ordnungsamt in Rastatt! –
Im Dezember 2015 betrat ich mit zusammengezogenen Magen das Ordnungsamt und gelangte an den Empfang.
Dort wollte ein grimmig dreinschauendes *Amtsfrauchen* wissen, was ich will und ich sagte ihr, -*„Ich will meinen Personalausweis abgeben.“* – Das Amtsmütterchen riss die Augen auf und sagte, *„Sie meinen wohl abholen.“* – Ich:
„Nein, - **abgeben***, - er verstößt gegen* **PauswG § 27***, worin ich gesetzlich aufgefordert bin, den Ausweis abzugeben, wenn unrichtige Einträge darin enthalten sind!“*- Ich bekam eine Karte mit einer Zahl drauf – eine Minute später zeigte die Uhr meine Nummer,– auf geht's. – Ich trug dem Sachbearbeiter mein Anliegen vor und gab ihm zur Orientierung ein Formular, auf dem die gesetzlichen Grundlagen meines gerechtfertigten Begehrens deutlich zu lesen waren. – *Zur Festellung:*
Ich ging nicht dort hin um meinen Ausweis einfach nur so abzugeben, - ich ging dort hin, weil das Dokument *Personalausweis* gegen die §§ des Personalausweisgesetzes (PauswG) verstößt!
Der Bearbeiter bekam *Schnappatmung* und musste sich mit seinem Abteilungsleiter besprechen, - ich warte ....
Nach ca. 5 Minuten kommt er wieder und beichtet mir, dass er mir nur eine Erhaltsbescheinigung ausstellen kann, nicht aber das Formular, welches den gesetzlich belegten Rückgabegrund zur Unterschrift fordert! – Muss man sich mal geben: Eine Behörde verstößt gegen die eigenen Gesetze und weigert sich, die dem Inhaber zur Last gelegte Rückgabepflicht zu bestätigen! – Geschweige denn, den vorliegenden Gesetzesbruch zu regulieren! –
Es kommt noch besser. – Ich bestand auf mein Formular, doch der Bearbeiter konnte das nicht tun und als ich stur blieb, schleppte er mich zu seinem Chef ins Back Office. –
Ich stellte dieselbe Forderung und er sagte, *es wäre noch nie passiert, dass jemand den Ausweis abgegeben hätte, die*

Rechtsabteilung müsse prüfen, ob er das unterschreiben kann .... und fertig. Darauf ich: *Sorry, das PauswG und das BGB sind das täglich Brot des Ordnungsamtes und die Verstöße sind offenkundig, die belgen, dass es sich hier um ein rechtswidriges Dokument handelt!* – Chef vom Amt: *Unterschreibe ich nicht, - lasse es prüfen und ggf. an sie zusenden.* Und nun kommts: Er fordert mich am Ende dazu auf, das rechtswidrige Dokument gegen eine unwahre Empfangsbestätigung da zu lassen, oder es wieder mit zu nehmen, bis die Rechtsabteilung zu einem geistigen Erguß gekommen ist, der jetzt schon offenkundig ist! –
Ich entschied mich für **da lassen** und bekam die Standard-bestätigung. Ein *Fachbeamter* im Ausweisamt schreibt ins Adressfeld **meine beiden Vornamen**, - nicht den Nachnamen, - und weiter bestätigt er mir dann, dass das Amt **wunschgemäß** den Ausweis zur ***Vernichtung eingezogen*** hat.

Tja, - das ist bestimmt nicht immer so, doch eins steht fest: Hier versucht man als Opfer vom Täter eine Bestätigung zu bekommen, dass es von ihm betrogen wurde!
Die Täter haben eindeutig zuviel Rechtsmacht und was den Opfern am *Recht* fehlt, müssen sie durch persönliche Attribute ausgleichen! – Am Ende zählt nur das Ergebnbis und ich bekam das, was man vielen PA-Abgebern verwei-gert: Die Bestätigung, dass der PA zur ***Vernichtung eingezogen*** wurde, - ein wichtiger Beleg, dass der Vertrag aufgehoben ist! –

Ohne diese „*Vernichtungserklärung*" bliebe das PA Kündigungsverfahren offen, was der Personenstandsände-rung im Weg stehen könnte.

DIE STALLKUH

Einst machte sich ein Tierschützer auf, um die armen Stallkühe, die immer in ihrer kleinen Box im Stall standen und niemals in der „freien Natur" grasen durften, zu befreien. Als der Bauer nicht da war, ging er heimlich zur Stalltüre, öffnete diese sowie die Boxen und verkündete den Kühen ihre Freiheit! – Doch was passierte? – Eigentlich dachte er, würden die Kühe nach draussen auf die Wiese stürmen um ihre Freiheit und das saftige frische Gras genießen, - doch was war das? – Nicht eine Kuh rührte sich aus ihrer Box! – Eine Kuh hob neugierig den Kopf und dachte, - au, da hat einer Türe offen lassen. Was ist denn da draußen? – Kenne ich alles nicht; - ob das gefährlich ist? – Soll ich mir das mal ansehen? – Lieber nicht, - es könnte ja was passieren und was sagt mein Bauer dazu, - er wird mich bestimmt schimpfen und mir vielleicht sogar meine Futterration kürzen! – Ah, da bleib ich lieber brav in meiner Box; - außerdem habe ich hier doch alles was ich zum Leben brauche, - warum also sollte ich da raus gehen?

Wer seine Freiheit aufgibt, um Sicherheit zu erlangen, wird am Ende beides verlieren.
Benjamin Franklin

Im Falle unserer „zufriedenen" Stallkühe endet deren Sicherheit, wenn Sie auf den Weg zum Schlachter geschickt werden! Sie werden sterben, ohne jemals wirklich gelebt zu haben! – Sie haben ihr **Leben** ihrem **Nutzen** geopfert und niemals die Erfahrung gemacht, dass sie mehr als nur **nützlich** sind!

Hierzu der Amtseid unserer „*obersten Milchbäurin*":

Ich schwöre, (das Merkel)
dass ich meine Kraft dem **deutschen Volke** widme,
seinen Nutzen mehre, (!)
Schaden von ihm wende,
das **Grundgesetz**[7] und die **Gesetze des Bundes**[8] wahre und
verteidige, meine **Pflichten** gewissenhaft erfülle
und Gerechtigkeit gegenüber jedermann üben werde,
so wahr mir Gott helfe!

Das Merkel:

*ANGELA MERKEL wird als erstes Kind von HORST KASNER,
geb. KAZMIERCZAK, und HERLIND KASNER, geb. JENTZSCH,
1954 in Hamburg (nach unbestätigten Quellen allerdings in
den U.S.A.) geboren und bekommt den Namen ANGELA
DOROTHEA KASNER. Sie hat (angeblich) zwei Geschwister,
Bruder Marcus und Schwester Irene. Der Vater, uneheliches
Kind von ANNA RYCHLICKA KAZMIERCZAK und LUDWIK
WOJCIECHOWSKI, ist evangelischer Pfarrer; die Mutter, eine
polnische Jüdin aus Galizien, - Lehrerin. Ihr Großvater
mütterlicherseits hieß LUDWIK KAZMIERCZAK, stammte aus
Posen und kämpfte im Ersten Weltkrieg **gegen** Deutschland.
Das belegt ein Photo ihres Vetters zweiten Grades, Cousins
ihres Vaters und Neffen ihres Großvaters, des 79jährigen
pensionierten Buchhalters ZYGMUNT RYCHLICKI, in der
polnischen Zeitung „Gazeta Wyborcza". Ein Bild zeigt ihren
Großvater in der Uniform der sog. Haller-Armee, einer
Einheit von Polen, die in der französischen Armee **gegen
Deutsche** kämpfte.*

Und genau, ... ich habe **capitis diminuntia maxima** bei der

---

[7] Grundgesetz = politisches Werkzeug für das **Basatzungsgebiet**!

[8] Satzung der BRD GmbH.

Namensnennung verwendet, denn auch das Merkel ist eine fügsame US-Sklavin, die aber deutlich mehr Privilegien nutzen darf, als das von Ihr *verkaufte Sklaven-Volk*, dem sie ihre ganze Kraft widmet, um den *Nutzen der Sklaven* zu vermehren! – Schaden abwenden ist ebenfalls dem Nutzen und nicht der individuellen Entwicklung dienlich und dann stellt sich natürlich auch die Frage, wem gegenüber sie *Ihre Pflichten* erfüllt! – Dem Volke? – Nein, - der Besatzungsmacht, unter der Federführung der USA!

Aber nicht nur der Mensch ist zur verwalteten Sache geworden, - auch der Boden auf dem er lebt! – Wenn man zu suchen beginnt, wo unsere schmucken Gemeinden, Städte und Landkreise registriert sind, dann wird man im „eigenen" Land nicht fündig werden! – Da muss man schon über die Verwaltungswege der Besatzer gehen, von denen jedoch nur die wenigsten wissen, oder auch wissen wollen, - die Wahrheit dahinter ist alles andere als angenehm zu ertragen! – Wer es aber wirklich wissen möchte, der wird fündig werden im ***internationalen Handelsregister*** der USA, dem ***D&B Register***. – Überzeugt Euch selbst! – Geht auf die D&B Register Web Site[9] und gebt den Namen eurer Stadt und der Ämter ein! – Ihr werdet entzückt sein wie einfach es geht, die Wahrheit zu finden!

Die ***DUNS-Nummer*** ist die internationale „Firmenidentifikations-Nummer" in dem es gem. §4 KStG[10] heißt, „... die Gemeinden, Städte und Landkreise können nur eins sein, ***Amt*** oder ***Firma***! – Wären es *Ämter mit Hoheitsrechten*, dann müssten sie eine ***staatliche Gründungsurkunde*** ausweisen können! – Das können sie aber nicht, jedoch haben sie eine ***DUNS Nummer***, die sie eindeutig zur **<u>Firma</u>**

---

[9] https://www.upik.de/

[10] KStG Körperschaftssteuergesetz

machen! – **Jetzt liegt es ganz alleine bei EUCH!** – Solange ihr einen Personalausweis habt und weiterhin konkludent die Statuten der Firma BRD Finanzagentur GmbH *(DUNS Nr. 314802591)* zustimmt, müsst ihr alles befolgen, was euch auferlegt wird! –
Wollt ihr das?

Die Alliierten, unter Federführung der USA, haben eine generelle Ausweis- und Meldepflicht angeordnet. Seit 1990 wurde verordnet, dass man nur noch *"einen Ausweis"* besitzen muss. Seit dem *2+4-Vertrag* sind nunmehr zwei Rechtskreise (Handelsrecht/Staatsrecht) möglich, was jedoch viele als *„Souveränität"* fehlinterpretieren, aber durch die zwei Rechtskreise mussten die Alliierten ihre Anweisung **an die BRD** ändern.

Konkret wurde die *Personalausweispflicht* in eine allgemeine *Ausweispflicht* umgewandelt. Warum? –
Viele Erwachte haben herausgefunden, dass wir Sklaven sind, weil wir zum einen kein Staatsvolk und zum anderen Personen im Handelsrecht der BRD sind.
Man kann sich, Dank Gerhard Schröder, nun aber einen sog. *Staatsangehörigkeitausweis (StAg)*, über die allierte Besatzungsregistratur anfordern. Mit diesem sog. *„Gelben Schein"* ist man dann wieder ein Staats**an**gehöriger, jedoch *ohne völkerrechtliches Staatsgebiet.*
Dadurch hat man dann aber den völkerrechtlichen Status wie ein Politiker, Richter oder Staatsanwalt, und andere *„elitäre Bundesbürger"*, die offiziell nicht mehr an die *„Personalhausordnung"* angebunden sind! – Wichtig, denn die Personalhausordnung regelt das Grundgesetz durch ihr Rechtssystem! – Das ist jedoch nur für das Personal der BRD GmbH bindend! – Ist man aus dem Personalkonstrukt ausgetreten, dann gilt das Grundgesetz in seiner Reinform und darüber hinaus auch die *Haager Landkriegsordnung* (HLKO), die sogar über dem Grundgesetz steht! – Das ist

wichtig, wie wir anhand eines Beispiels erkennen werden!

Nehmen wir den **Artikel 46 der HLKO** zur Hand.
Es handelt sich dabei um Völkerrecht. In diesem *Artikel 46*
steht unter anderem:

"Das Privateigentum darf nicht eingezogen werden".

Das bedeutet, dass jedes *Einziehen von Steuern*, sowie
sonstigen *Zwangsabgaben* und *Pflichtversicherungen* gegen
das Völkerrecht verstößt.
Das Zahlen von Steuern und anderen Zwangsabgaben kann
also wenn überhaupt, nur auf **freiwilliger Basis** verlangt
werden, zumal sowieso nicht ein einziges gültiges Gesetz
existiert, was die Menschen im hiesigen Land zur Zahlung
von Steuern verpflichtet! – Solange man aber im Personalstatus des wirtschaftlichen Verwaltungskonstruktes BRD
ist, ist man der willkürlichen Gewaltenmacht des „Arbeit-
gebers" ausgesetzt und das, was Recht wäre, kann man
nicht nutzen, - zumindest nicht ohne eine restriktive
Gegenreaktion zu erzeugen, die ebenso unrecht ist, aber
nicht einklagbar! – Ihr erinnert euch, - ***Vertragsrecht hebt
das Menschenrecht auf!*** – Also raus aus dem BRD GmbH
Vertrag, dem ihr unwissend, *konkludent* zugestimmt habt!

Mit anderen Worten: Ihr zahltet bisher euer ganzes Leben
lang Steuern, Zwangs- und Pflichtabgaben, obwohl ihr das
nie musstet! – Jetzt wisst ihr es, - jetzt ist der richtige
Zeitpunkt zu handeln! – **<u>Eure Entscheidung!!!</u>**

Das hört sich alles unglaublich an, - warum kommt das erst
jetzt zur Sprache, - da muss doch ein Haken dran sein!? –
Eine lange Zeit hat die „*Stallkuh-Therapie*" gut gewirkt,
denn die *Stallkühe* lebten auf einem sehr hohen Niveau, -
keine hatte Grund sich zu beklagen und so hat man sich

ausschließlich auf den Ablauf im Stall konzentriert und ganz vergessen, dass es da auch noch ein *„Draussen"* gibt, das man zwar noch nie gesehen hat, - aber dennoch, es existiert. Alleine an die Existenz zu glauben, fällt nach mehr als 60 Jahren *Stallalltag* sehr, sehr schwer. Man stelle sich vor, dass sogar die wenigsten wissen, dass wir nach wie vor besatzt sind und keinen Friedensvertrag haben! –
So lange hat man sich den einzigen Ausgang nach draussen zugebaut, dass man ihn nun gar nicht mehr erkennen kann, doch er ist da und er führt immer noch nach draussen; - *Terra incognita.*

Daher hat sich für Gesetze früher niemand interessiert, - *das ist halt so!* Und die *Geschäftsführung* der BRD GmbH hat die Aufmerksamkeit auf das Umsetzen der Gesetze und nicht auf deren Gültigkeit gerichtet. Das Hinterfragen wurde mit *hoheitsrechtlicher Gewalt* im Keim erstickt, obwohl ein auf dem Handelsrecht basierendes Verwaltungskonstrukt keine *hoheitsrechtlichen Gewaltenansprüche* haben kann und ausüben darf, - es sei denn, man akzeptiert das vertraglich geregelt, - z.B. „Personal-Ausweis"!!

Es ist doch vollkommen klar und logisch, warum man dieses Geheimnis lange Zeit gehütet hat, zumal **keiner** wirklich danach gefragt hat.

Die Wahrheit zu finden ist einfach, - es gibt jedoch nur wenige, die danach suchen!

Wie hätte man die Menschen sonst so lange ausrauben, betrügen, belügen und ausweiden können?!

Die Konditionierungs- und Desinformationsabteilung der *BRD GmbH* (TV, Radio, Zeitung,...), - also die Meinungsmacher, haben derlei Themen nie publiziert, - im Gegenteil, sie haben bei Bedarf die Wahrheit immer wieder in Frage gestellt und somit zwei Meinungslager gebildet!

Merke: __Alles__ was die Mainstream-Medien ausstrahlen, hat einen SINN, - einen Sinn der nicht im Sinne des Volkes ist und somit empfehle ich euch allen **dringend**, - lasst die Klotze und das Radio aus und kauft euch keine Zeitung mehr und lasst euch keine Zwangsabgaben (GEZ) mehr auferlegen. Jeder, der dem Finanzamt, der Gemeinde oder gar der GEZ eine Lastschrifterlaubnis erteilt hat, möge nun das Buch schließen und erst wieder weiterlesen, wenn er diese widerrufen hat! Was bringt die Wahrheit, wenn man sie mit Lüge straft!

Natürlich gehört dieses „*verbotene*" Wissen auch nicht dorthin, wo Menschen an das *Handelskonstrukt BRD GmbH* angepasst werden, - ***der Schule***! – Dort erhält man die volle Propagandaprägung, welche die politische Gesinnung nach der geduldeten Dauerbesatzungsakzeptanz ausrichtet und das Wissen vermittelt, was dem Ausbau der Nutzungsfaktoren der BRD GmbH, zum Nutzen Dritter (Besatzer), dient! – Willkommen im *Stall*; – habt ein nutzvolles Leben, bevor euch dann die Amis fressen!

Gewöhnt euch ab selbst zu denken und zu fühlen, - das ist im *Stall* nicht erwünscht! – Zudem läuft man in Gefahr, die Missgunst der anderen *Stallbewohner* auf sich zu ziehen und es ist auch nicht sehr erquickend, der einzige unter vielen zu sein, der es unerträglich findet, dass sein Leben nur dem Sinn dient, dass er gefüttert, getötet und gefressen wird! –

Arme „*Schwarze Kuh*" – die schreit nicht mehr *MUH*, - sie schreit *RAUS*! – Will heißen, - nur im Zustand des Erwachens kommt der Drang nach Freiheit und der macht sich jetzt deutlich bemerkbar. Klar doch, - vorbei ist es mit der *Stallharmonie*. – Unser *Kuhbauer* hat das Erwachen der *Stallkühe* bemerkt und sich daher entschlossen, verwahrloste Wildschweine in die eh viel zu großen Boxen seiner *Stallkühe* zu stellen; - das erhöht den Nutzen seines Wirtschaftgebietes und bringt die *Stallkühe* auf andere Gedanken! – Jetzt müssen sie um ihre Existenz und um ihren Platz im *Stall* kämpfen! - Was die Kühe dazu sagen, das ist ihm egal, - die werden ja eh gefressen. –
Wen interessiert es, was sie in der Fleischtheke denken!

Gehen wir zur Klarheit noch einmal schnell die einzelnen Etappen in der Zeit durch, was zu der heute vorherrschenden *Stallkultur* geführt hat.

IN DER HERDE FOLGT MAN NUR ÄRSCHEN!

SCHLÜSSELMOMENTE

1918 – nicht vom Souverän genehmigte Ausrufung der *„Republik zu Weimar"* (II Reich) und Selbstermächtigung der Parteien zur politischen Macht- und Gewaltenübernahme – Die Parteien unterwarfen sich bedingungslos den Siegermächten *(Triple Entente)* und gründeten auf dem vormals souveränen Staatsgebiet (Deutsches Kaiserreich) das Handelsgebiet, das man dem HGB unterstellte, weswegen das ***See-Recht*** hier eine sehr starke Dominanz hat, da aus ihm das HGB hervorgegangen ist! – Die Menschen verlieren ihr Staatsgebiet, sind aber noch ***Zugehörige eines Staatsvolkes.*** Nur im Staatsrecht ***vor 1914*** ist der *Schutz der **HLKO** gewährleistet.* Wer sich auf die Zeit nach dem 1. Weltkrieg einläßt ist im Handelsrecht!

1919 – Der *Vertrag von Versailles* vom ***28. Juni 1919*** ist ein *Handelsvertrag* und <u>*kein Friedensvertrag*</u> wie vielfach behauptet wird. Auf dem Deckel des Vertrages steht: ***„Treaty of Peace"*** - *„Vertrag zum Frieden".*

Ein völkerrechtlicher Friedensvertrag schreibt sich: ***„Peace Treaty"*** - Friedensvertrag".

Selbiges gilt auch für das GG, das nicht *„Grundgesetz **der** Bundesrepublik"* sondern *„Grundgesetz **für die** Bundesrepublik"* heißt, - das ist ein großer Unterschied.

Mit derlei Wortschöpfungen werden wir seit fast 100 Jahren getäuscht. Unsere Parteien, die wir alle im Vier-Jahreszyklus wählen gehen, haben also damit angefangen, das Völker- und Menschrecht durch das Handelrecht auszutauschen und die Siegermächte, inklusive Lobbyisten (Banken, Industrie, ..) haben das Werk mit dem *„Versailler*

Vertrag für den Frieden" fortgeführt!

Merke: Das weltweite Handelskonglomerat fußt auf dem nicht vom Souverän legitimierten Handelsgebiet BRD, - seit 1990 nicht mehr BRD sondern *Deutschland / Germany.*

Das bedeutet, dass wenn Deutschland wieder souverän wird, das weltweite Handelskonstrukt in sich zusammen fallen würde, wenn die souveränen Bürger und freien Menschen sich dazu entschließen sollten. Dazu zählen auch die EU, NATO oder UN!

Das wäre ein Segen für die gesamte Menschheit und den Planeten! – Alle Probleme die wir heute haben, werden genau von denen geschaffen, die sich mit Arglist und Lüge selbst zur Machtausübung ermächtigt haben!

1933 – 1945 – Adolf Hitler ruft das *3. Reich* aus, ebenfalls durch *Selbstermächtigung,* wie es die Parteien 1918 ja vormachten, - als ein Konstrukt, das auf das *2. Reich,* der *Weimarer Republik* gesetzt wurde, wodurch weder das *2. Reich* seine Rechtsfähigkeit verliert, noch das Deutsche Kaiserreich, auf dem ja alles fußt, weil es das letzte Reich war, in dem es den *Souverän* gab, welcher alle Staats- und Völkerrechtlichen Akte hätte genehmigen müssen!

Merke: *Ohne die Zustimmung des **Souveräns** sind keine ausgeführten Staats- und Völkerrechtlichen Verträge jemals gültig geworden! – Sie gelten nur im Rechtsbereich des Handelskontruktes BRD GmbH für **Personen**, nicht aber für **freie Menschen** im Sinne des Natur-, Menschen- und/oder Völkerrechtes! Damit das so bleibt, wird alles unternommen, dass die Menschen im Personen-Status gefangen bleiben und nicht souveräne Bürger werden können!*

Der sog. II Weltkrieg war ein Waffenstillstandsbruch des I Weltkrieges, der ja niemals durch einen Friedensvertrag beendet wurde. Alles ist nur sehr kompliziert geworden, weil jedes fortführende Staatskonstrukt auf das *Deutsche Kaiserreich* gesetzt wurde. Die Menschen sind *per Status* in die neu entstandenen Rechtsformen eingebunden worden, - *konkludent*, - also ohne dass sie es bewusst wollten! –
Im Kaiserreich waren die **Deutschen** noch Souveräne, für die das Völker- und Menschenrecht galt. Heute, nach Auflösung der BRD GmbH (1990) sind wir grundgesetz- und verfassungslos und werden von einem Staatskonstrukt im Handelsrecht ohne eine gültige Rechtsgrundlage restriktiv beherrscht! – Alles fußt auf der vermeintlich *freien Willensentscheidung* der Personen, die akzeptieren, was man ihnen sagt und mit gutem Willen, unbewusst dazu beitragen, dass Unrecht zu Recht wird. Aus dieser „freien" Entscheidung gewinnt das restriktive Handelsrecht immer mehr Macht, wohingegen das Völker- und Menschenrecht an Zuständigkeit verliert und damit auch der freie Mensch sowie sein Recht, Mensch, und keine Person zu sein! –
Es liegt also tatsächlich in unserer Hand und noch haben wir das Recht eigene Entscheidungen zu treffen!

Mit der *Weimarer Republik* haben die Menschen den Zugang zu den Menschenrechten verloren, die sich auf Staatsbürger beziehen, aber nicht auf ein staatenloses *Staatsvolk von Staatsangehörigen*! - Erhalten blieb der Zugang zum Völkerrecht von 1918 – 1933, weswegen die *Haager Landkriegsordnung* (HLKO) für sie als aktives Rechtsmittel zur Verfügung stand und steht.
Da das später von den alliierten Besatzungsmächten erlassene Grundgesetz auf der HLKO fußt, gilt das Grundgesetz ebenfalls für Staatsangehörige, die im Status der Menschen von **1918 – 1933 (StaG)** oder davor **(RuStaG)** waren.
Diesen Status erlangt man, wenn man den **„Gelben Schein"** – den Staatsangehörigkeitsnachweis nach **(Ru)StaG**, - dem

Reichs- und Staatsangehörigkeitsgesetz, vom 22.7.1913[11], erlassen von Kaiser Wilhelm von Preußen, erhalten hat.

§1 RuStaG
Deutscher ist, wer die **Staatsangehörigkeit** in einem **Bundesstaat** (§§ 3 bis 32) oder die unmittelbare **Reichsangehörigkeit** (§§ 3 bis 35) besitzt.

Der hier benannte Bundesstaat muss dem Völkerrecht unterliegen und nicht dem Handelsrecht, wie das bei der *BRD GmbH* der Fall ist! – Gemeint sind also die Bundesstaaten mit dem völkerrechtlichen Status von vor 1913! – Auf die perverse Idee, dass ein Staatsvolk über das HGB versklavt wird, kam damals noch keiner! –
Hat man jedoch seine Staatszugehörigkeitsbescheinigung, dann kann man sich zusammentun und das Handelsgebiet mittels Gemeindeaktivierung in den Grenzen von vor 1913 und der Beschlussfassung *mündiger* Bürger, das Handelsgebiet in völkerrechtliches Gebiet zu wandeln.

Mit den *Partei-Terroristen* wurde der vorliegende völkerrechtliche *Status Quo* jedoch erst möglich!
– Ich wähle übrigens ganz bewusst das Wort „*Terroristen*", weil es der Tatsache entspricht! – Hier eine Definition von Terroristen aus Wikipedia; - bildet euch nach dem Stand eures jetzigen Wissens selbst ein Urteil:

DER TERROR (lat. terror „Schrecken") ist die **systematische** und oftmals willkürlich erscheinende *Verbreitung von Angst und Schrecken* durch *ausgeübte* oder *angedrohte* Gewalt, um **Menschen gefügig** zu machen. –
Laut Resolution 1566 des UN-Sicherheitsrates sind „terroristische Handlungen solche, die mit Tötungs- oder

---

[11] http://www.documentarchiv.de/ksr/1913/reichs-staatsangehoerigkeitsgesetz.html

schwerer Körperverletzungsabsicht oder zur Geiselnahme und mit dem Zweck begangen werden, einen Zustand des Schreckens hervorzurufen, eine *Bevölkerung einzuschüchtern* oder etwa eine **Re(gier)ung** zu nötigen und dabei von den relevanten Terrorismusabkommen erfasst werden". **Quelle: Wikipedia**

Der Terror fing mit der Selbstermächtigung der Parteien an und er beherrscht uns bis heute noch! – Bei der Definition von Terrorismus sieht man sehr schön, welche Folgen es hat, wenn Terroristen mit der Macht ausgestattet sind, Gesetze zu machen! – Man lenke sein Augenmerk bei der Definition darauf, dass auch ein Angriff auf die *Regierung* als terroristischer Akt gilt! – *Regierungs-Terror* zu bekämpfen oder sich dagegen zu wehren oder zu schützen, ist also nach 100 Jahren Partein-Diktatur inzwischen ein *„terroristischer Akt"*! –

Insbesondere in der gegenwärtigen bewegten Zeit, offenbart sich der Terrorismus der Partein ganz hoch offiziell, in dem sie das Grundgesetz und das internationale Recht brechen und das Volk, welches am Ende die Konsequenzen dafür zu tragen hat, einfach übergehen.
Lehnt man sich dagegen auf, so wird man mit der ebenfalls illegal ausgegebenen und aktiv umgesetzten *Hoheitsgewalt* zum Schweigen gebracht! – Im Übrigen ist auch die von Merkel eingeleitete Flüchtlingswelle offensichtlich ein Akt des terroristischen Hochverrates! – Wie schon erwähnt besteht zwischen Syrien und Deutschland ein *offener Kriegszustand* und ein Kriegsgegner kann niemals ein Flüchtling oder ein Asylant sein! –

Einmal mehr, dass das deutsche Volk verkauft worden ist und die Folgen dieses Terroraktes sind noch nicht abzusehen! – Eines aber ist sicher, - *„die guten alten Zeiten sind*

unwiderruflich vorbei und was kommt, das sollte in unseren Händen liegen"! – .... was es aber nicht tut, - noch nicht?
Will man weiter Menschen vertrauen, die Menschen nur als eine Sache sehen, die man beliebig nutzen kann? –

Lohnarbeit ist die Fortsetzung der Sklaverei mit anderen Mitteln.
Gerald Dunki

WIEDER MENSCH WERDEN

Solange man eine Person (Sklave) ist, kann man gar nichts machen! – Man muss Wege finden, um wieder ein **Mensch** mit all seinen Rechten zu werden! – Das hört sich paradox an, - kommen wir doch alle als Menschen auf die Welt und wer kann sich schon in seinen kühnsten Träumen vorstellen, dass einem sein Grundexistenzrecht einfach so genommen wird! – **Konkludente** Zustimmung heißt, dass wir z.B. einen stillschweigend vereinbarten Vertrag übernehmen, so, wie wir Ware aus dem Supermarkt auf das Band legen und sie selbstverständlich bezahlen.
Dafür wird kein Vertrag benötigt , - Angebot und Nachfrage regeln sich selbst zu einem <u>gültigen Rechtsgeschäft</u> und genau so werden wir unser Grundexistenzrecht los; - weil wir es dulden, als Person in die Geburtsurkunde eingetragen zu werden und weil wir es dulden, dass sich die Herrscher der Gesellschaftssysteme unsere **Daseinsgüter** rauben dürfen! – <u>*Unachtsamkeit ermutigt die Untugend!*</u>

Das wertvollste das es gibt, - **das Leben**, - erhalten wir umsonst, müssen uns aber ein Leben lang verklaven, um all das zu bekommen, was zu seiner Aufrechterhaltung nötig ist! - Zu den **Daseinsgütern** gehören *Luft, Wasser, Energie* und der *Boden*, sowie alles, was daraus hervorgeht.
Alles privatisiert, - in Händen skrupelloser Konzerne, die mit dem Recht auf die *Daseinsgüter* ein Privileg halten, weil die Nachfrage danach niemals zurückgehen wird! –
Im Gegenteil, - macht man die Ressource knapp, dann wird es für die Rechteinhaber umso lukrativer, wohingegen alle Sklaven in ihrem Hamsterrad immer schneller treten müssen um das zu erhalten, was sie zum Leben brauchen!

Der **Daseinsgutschutz** ist die höchste Aufgabe der Politik, die für ihre Menschen da ist. Daran lässt sich ebenfalls die Daseinsberechtigung der Politik bemessen!
Unsere Politik hat inzwischen dafür gesorgt, dass die Menschen durch *Desinformation* noch nicht einmal wissen, was **Daseinsgüter** sind! – Den Begriff findet man heute nicht mehr, - so, als hätte man ihn einfach aus dem Informationsstream ausgeschnitten! – **Konkludent**, unterstellt man uns also, dass wir Dingen zustimmen, die uns zum Nachteil gereichen und die in Extremsituationen zu unsäglichem Leid führen können!

Die unverfälschte Kriegsgeschichte des letzten Krieges zeigt die Folgen, wenn der Mensch zur Sache wird und er keinen Schutz mehr durch die Menschenrechte hat.
Ich finde es aber noch viel erschreckender, was andere Menschen für Unmenschlichkeiten begehen, nur weil man ihnen *formaljuristisch* die Ermächtigung dazu gibt! –
Eine Frau, die zigmal vergewaltigt und geschlagen wird, ist und bleibt immer ein **Mensch**, auch wenn man sie gegen ihren Willen zu einer Sache macht! – Aber schaut euch dazu die bestialische Massentierhaltung an! – Auch Tiere

sind dem Gesetz nach nur *Sachen*! – Dass sie fühlen und empfinden und dasselbe Recht auf Leben haben wie **ALLES** was mit Leben beseelt ist, wird gerne vergessen! – Und so, wie man mit anderem Leben umgeht, so widerfährt es einem am Ende selbst .

In 1000 Sklaven stecken 999 Sklavenhalter!
Emil Gött   *(Prinzip der **5 Affen**!)*

Nach dem Krieg 1945 hat sich der Status der Menschen im besatzten Gebiet erneut geändert. Sie waren und sind bis heute **Kriegsgefangene** in einem *besatzten Gebiet*. Um das Gebiet gemäß den Vorgaben der Besatzer kontrollieren zu können, erschufen diese das *Grundgesetz* (GG), das, wie schon gesagt, auf der völkerrechtlichen **HLKO** fußt!

Aber nur Menschen im Sinne des Völkerrechts können darauf zugreifen! – Das Grundgesetzt regelt die Abläufe *innerhalb* des **Besatzungsgebietes**. Nur dafür wurde es geschaffen und dass es nach wie vor existiert, ist Beweis genug, dass der Besatzungsstatus noch gültig ist! –
Die *innere Regelung* des besatzen Gebietes übernahmen die von den Alliierten erlassenen **SHAEF Verträge**[12].
Hier gibt es ebenfalls immer wieder Streitigkeiten darüber, ob die **SHAEF Gesetze** noch gelten oder nicht! –
Zur Glaubhaftmachung dass sie noch gelten:

GG Art. 139, Art. 120 und die Verfassung des Landes Hessen **Art. 159** zeigen auf, dass *alliiertes Recht* der Militärregierung bis heute **_höherrangig_** gegenüber Deutschen Gesetzen ist.

---

[12] http://fruehwald.selbstverwaltung-deutschland.de/SPEZIAL-STASEVE/SHAEF_Militaergesetze.pdf

Seit dem **23. Mai 1945** haben die Alliierten die Macht in Deutschland übernommen. Bis heute unterliegen alle Deutschen der alliierten Fremdbestimmung.
Die Alliierten haben zuerst neue Verwaltungseinheiten in Ihrem Sinne aufgrund des **Art.** 43 der *HLKO* vorgenommen:

Parallel dazu begann die Umerziehung, sowie die Kontrolle über Kultur, Bildung und Medien des seit **1934** *gleichgeschalteten Deutschen Volkes.*
Durch das bis heute gültige ***Kontrollratsgesetz Nr. 2*** zensieren und beeinflussen die westlichen Alliierten (USA) das alltägliche Leben in Deutschland und lassen sich dies auch noch von den Manipulationsopfern bezahlen! –
Dabei nutzen sie das allgemein bekannte „*Mafia-Inkasso*"-*GEZ*. - Vielleicht geht jetzt dem einen oder anderen ein Licht auf, warum es so schwer ist, diesen illegalen Zwangsabgaben zu trotzen! – Der ***Freundeskreis München oder Mutter Erde e.V[13]., wie er sich jetzt nennt,*** hat aber Wege gefunden, sich nachhaltig Ruhe vor dieser Terror-Organisation zu verschaffen, - doch dazu ein andermal!

Es wird seit ***68 Jahren*** intensiv Zensur und Propaganda ausgeübt! – Heil dem, der heute noch selbst denkt und sich dem geistigen Zugriff der Besatzer zu entziehen versteht! – Allen anderen mein Beileid, als ein Opfer der sadomasochistischen Kopfkinoberieselung unmenschlicher Manipulateure! – Jedesmal wenn man die Klotze oder das Radio anmacht, dann verzichtet man darauf, seine Lebenszeit selbst zu leben! – Man wird dann gelebt und man dient mit seinem Denken und Tun nicht mehr den eigenen Interessen, - man dient fremdbestimmten Werten, die darüber hinaus auch noch gegen das Leben gerichtet sind! –

---

[13] http://www.mutter-erde.bayern/

Wer nicht an die erfolgreiche Konditionierung der Besatzer glaubt, der möge erkennen, dass der beste Beweis für seine Wirkung, der Unglaube des Offensichtlichen ist!

Von **1945 – 1949** praktizierten die Besatzungsmächte die Kontrolle und Steuerung in Deutschland **selbst**.
Ab **1949** schufen die Alliierten Mächte jeweils die deutschen Teilkolonien *Deutsche Demokratische Republik* und die *Bundesrepublik Deutschland* **IN Deutschland** (in den Grenzen des Deutschen Reiches von 1933 – 1945).

Wie schon an den amerikanischen Ureinwohnern getestet, ist es wesentlich effizienter, wenn sich das *kolonialisierte Volk* selbst kontrolliert und *amerikanisiert*!
Das Projekt funktioniert perfekt mit den Deutschen.
Der deutsche Befehlsempfänger vernichtet mustergültig seine ethische Gesinnung und dehnt das faschistische *Kolonieprojekt* über die *Europäische Union,* auf ganz Europa aus. **Das 4. Reich seit 1990.**

Mit uns kann man das ja machen, - das wusste schon *Napoleon*, der dies wie folgt formulierte:

Napoleon I. (1769-1821), Kaiser der Franzosen:

"Es gibt kein gutmütigeres, aber auch kein leichtgläubigeres Volk als das deutsche. Zwiespalt brauchte ich unter ihnen nie zu säen. Ich brauchte nur meine Netze auszuspannen, dann liefen sie wie ein scheues Wild hinein. Untereinander haben sie sich gewürgt, und sie meinten ihre Pflicht zu tun. Törichter ist kein anderes Volk auf Erden. Keine Lüge kann grob genug ersonnen werden: die Deutschen glauben sie. Um eine Parole, die man ihnen gab, verfolgten sie ihre

Landsleute mit größerer Erbitterung als ihre wirklichen Feinde."

..... wird Zeit, dass wir an unserem Volks-Karma arbeiten!

Wenn wir wieder Menschen sein wollen, dann müssen wir zuerst einmal ein Zugehörigkeitsgefühl dazu aufbauen und gemeinsam das bekämpfen, was sich gegen das Recht zu Leben stellt. Um *Mensch zu sein*, bedarf es keiner nationalistischen Ausrichtung, einer Bewertung, Testierung, Verifizierung oder sonstigem! – Wir sind das, was wir sind und: Wir müssen alle wieder lernen *Mensch zu sein*.
Bislang sind wir Sklaven, die das ein ganzes Leben lang nicht bemerkt haben – *Mensch zu sein* hingegen bedeutet etwas völlig anderes.
Ein Mensch hat die Fähigkeit, aus **_seiner eigenen_** Gefühls- und Gedankenwelt zu leben und er ist sich bewusst, was aus ihm kommt und was von „außen" kommt! –

Beobachtet euch immer wieder über den Tag, wann immer ihr euch daran gestattet zu denken. Richtet für eine Zeit bewusst den geklärten Fokus auf das, was euch gerade antreibt. Fragt euch dabei: Ist es wirklich das, was ich will? – Warum sag ich JA wenn ich eigentlich NEIN meine? – Warum denke ich, was ich denke? – Wie dient es mir? – Wie hoch ist mein Nutzen für andere und wie hoch ist er für mich selbst? – Was brauche ich, um zu leben? – Auf was kann ich alles verzichten? – Kann ich einfach aus mir heraus glücklich sein oder was brauche ich dafür? – Wie werde ich gerade manipuliert? – Kann ich es erkennen oder fühlen oder ist alles *völlig normal*? - Was fehlt mir, wenn der Fernseher, das Radio und die Zeitung geschlossen bleiben? – Welche eigenen Inhalte habe ich und wie viel Zeit nehme ich mir dafür? – u.s.w.

<u>Und fragt euch immer:</u>

Das, was ich tue, denke und fühle, - dient es mir, meinen Mitmenschen sowie der gesamten Schöpfung? –

Macht nur noch das, was sich mit dieser Frage verträgt; - alles andere, was sich für euch nicht stimmig anfühlt, das lasst einfach, - schenkt ihm einfach keine Aufmerksamkeit mehr! – Leider muss man seine Aufmerksamkeit aber noch den zeitgeschichtlichen Geschehnissen opfern, weil man zuerst aus den stillschweigenden Verträgen und Zustimmungen aussteigen muss, welche einen hindern, formal-juristisch wieder Mensch zu sein! – Was aber noch viel störender für einen Menschen ist, das ist die Tatsache, dass er sein **Menschsein** auf einem von Kriegsmächten besatzten Land fristen muss, die nicht mehr gehen wollen!

<u>*Obama*</u>: *"Deutschland ist ein besatztes Land und wird es auch bleiben"*

BESATZ UND VERWALTET

Tja, - die Besatzung hat sich Dank unserer *Partein-Diktatoren* zu einem lukrativen Geschäft für die Besatzer entpuppt und so sehen diese keinen Grund, warum sie darauf freiwillig verzichten sollten! –
Keiner beklagt sich, die Politiker und die Beamten verhalten sich, wie Napoleon es ja schon schön beschrieben hat. –
Alle, die an der Unwissenheit der Menschen profitieren haben daher nur eines im Sinn:
Die Massen weiter im Unwissen zu belassen!

Man kann ALLE Menschen
für einige Zeit belügen.
Einige Menschen kann man
auch für ALLE Zeit belügen.
Aber man kann nicht ALLE Menschen
für ALLE Zeit belügen! - *Abraham Lincoln*

Um als Staat nach einem verlorenen Krieg seine Souveränität zurück zu erhalten und sich aus dem *Besatzungsstatut* befreien zu können, bedarf es eines **Friedensvertrages**!
Nun hat nachweislich ein I. Weltkrieg gegen **Staaten** und **Unternehmen** stattgefunden und *Unternehmen* brauchen sich nicht an Kriegsgesetze zu halten. Selbst die Schuldfrage des Krieges muss nicht ergründet werden.
So ist die Frage nach der Berechtigung der Reparaturzahlungen ebenso zu klären, wie auch das Recht auf ausstehende **Friedensverträge**! –

Daher müssen wir dringend verstehen lernen, was mit dem besatzten *Deutschen Reich* geschehen ist. Hierzu bezieht das *Bundeverfassungsgericht* am 31.7.1973, dem IGH Urteil (Seite 3) folgend, Stellung:

*„Es wird daran festgehalten, dass das Deutsche Reich den Zusammenbruch **1945** überdauert hat und weder mit der Kapitulation noch durch die **Ausübung fremder Staatsgewalt in Deutschland durch die Aliierten** noch später untergegangen ist; - es besitzt nach wie vor Rechtsfähigkeit, ist allerdings als Gesamtstaat mangels Organisation nicht handlungsfähig.“*

Die *BRD* ist nicht Rechtsnachfolger des *Deutschen Reiches*, sondern als **Staat** <u>identisch</u> mit dem **Staat Deutsches Reich**, - in Bezug auf seine räumliche Ausdehnung allerdings *teilidentisch*. Die Bundesbürger werden durch die **Kolonie** *Bundesrepublik GmbH* verwaltet!

Keine Verschwörungstheorie sondern eine Tatsache, dass die BRD/Alliierten die *Handlungsunfähigkeit* des *Deutschen Reiches* fest schreiben und sie wünschen auch keinen **Friedensvertrag**, was auch beim *Dritten Treffen der Außenminister* der **2 + 4 Verträge** im Jahr 1990 offiziell ausgesprochen wurde[14]:

„Um den polnischen Bedenken Rechnung zu tragen, vereinbarten die vier Außenminister beim Mittagessen eine Protokollerklärung, in der die vier Siegermächte erklären, dass die Grenzen des vereinten Deutschland einen endgültigen Charakter haben, der weder durch ein äußeres Ereignis noch durch äußere Umstände in Frage gestellt werden kann.“

Genscher erweiterte das Protokoll um eine weitere Erklärung der Bundesrepublik Deutschland, worin er zum Ausdruck brachte, *„....dass die in dieser Erklärung erwähnten Ereignisse oder Umstände nicht eintreten werden, d.h., dass ein* **Friedensvertrag** *oder eine* **Friedensregelung** <u>*nicht beabsichtigt*</u> *sind!*

Also, - wieder einmal verkauft und verraten und ich glaube ihr stimmt mir alle zu, - **Genscher soll nur für sich reden!**

Im vorstehenden Abschnitt spiegelt sich deutlich der Kern der heutigen Tragödie! – Das Bundesverfassungsgericht

---

[14] Auszug aus Protokoll zu den 2+4 Verträgen, Nr. 354.

bestätigt, dass die Staatsgewalt von den Aliierten ausgeübt wird und offiziell niedergelegte Erklärungen wie die von Genscher, sind nie wirklich meinungsbildend über die Medien zur Wahrnehmung gekommen! - Im Gegenteil, - die Medien erzeugten mit ihrem Informations-Stream eine Wahrheit, die das Offensichtliche in eine willkürliche Spekulation verwandelt, - so erzeugt man Lügen die zur gelebten Wahrheit werden. – *MEDIEN ERZEUGEN WAHRHEIT FÜR ALLE!*- Sie sind ein Werkzeug der Macht, genutzt von denen, die Macht über ALLE wollen! – Obwohl keiner gezwungen wird die Klotze oder das Radio anzuschalten, ebenso wie keiner gezwungen wird die Zeitung zu lesen, machen es die meisten von selbst, ganz freiwillig. Es macht mir manchmal Angst zu sehen, wie selbstverständlich der ganz normale Wahnsinn geworden ist und wie weit man nun davon entfernt ist, **Mensch** zu sein! – Doch wieder zurück zu Genscher.

Als Unternehmen hat man damals die **NATO**, **SHAEF**, **UNO** oder die **EU** eingesetzt, deren *Gesetze/Verordnungen* daher dem Handelsrecht zu unterstellen sind.
Wenn man all das sortiert, dann gilt am Ende die Verfassung, die zwei Tage vor Beginn des I. Weltkrieges hierzulande gültig war. Alle Gesetze, die davor entstanden sind, sind somit staatliche Gesetze. So dürfte die Haager Landkriegsordnung (HLKO) und das Reichs- und Staatsangehörigkeitsgesetz (RuStaG) gültig sein, ebenso das BGB oder HGB vor 1913.
Diesbezüglich gibt es nun zwei Ausstiegswege:

1) Man wird wieder ein ***freier Mensch***.
2) Man holt sich seine Staatsrechte mittels Willens- bzw. Personenstandserklärung zurück.

Es gibt vielleicht noch andere Wege, die mir aber nicht bekannt sind, weswegen ich mich an den beiden bewähr-

ten Wegen orientiere, die ich nachfolgend ein wenig erklären möchte. Der grundlegende Unterschied der beiden Wege besteht darin, dass die einen sagen, wir sind **freie Menschen,** die für sich selbst bestimmen und nach freier Entscheidung leben. Da es eigentlich keine Rechtswege aus dem System gibt, verzichtet ein *freier Mensch* auf diese.
Im Gegenteil, man meidet den *Rechtskreis BRD* sowie jede Auseinandersetzung damit.
Als *freier Mensch* ist man nicht mehr im BRD Handelskonstrukt und ebenso wenig im Rechtskreis dessen, - vielmehr ist man staatenlos und bewegt sich in einem selbstbestimmten Lebensumfeld. Man könnte ihn als einen *Kunden* bezeichnen, welcher die Dienstleistungen des Handelskonstruktes bei Bedarf nutzt. Als Passierschein in das Handelsgeschehen benötigt er eine handelsrechtsfähige Persona, - z.B. einen Verein oder eine Identität von sich als Mensch.

Die andere Gruppe hingegen versucht durch den vorgegebenen Rechtsweg über die Besatzerämter, einen Staatszugehörigkeitsnachweis zu bekommen, der sich auf das souveräne deutsche Kaiserreich bezieht. Hierzu muss man nachweisen, dass die Groß-/Eltern Staatsbürger des deutschen Kaiserreiches (vor 1913) waren, indem man eine Kopie ihrer Gebursurkunde(n) zum Antrag legt. Man muss besonders vorsichtig sein, denn die Ämter nutzen jede Unachtsamkeit schamlos aus und so kann es leicht geschehen, dass man eine Staatszugehörigkeitsurkunde nach **Stag** bekommt, wodurch man *Reichs Deutscher* (III. Reich) wird. Erst mit **RuStag** wird man ein souveräner Bürger des ehemaligen Kaiserreiches!
Diese Wege müssen gegangen werden und sie stellen sich für jeden anders dar. Wertvolle Begleitung findet man auf der Web-Site meines Bruders[15], welcher den Weg nach

---

[15] www.unbequemewahrheiten.de

RuStag geht und bereits damit beginnt, im Allgäu wieder Gemeinden zu aktivieren.

Die Aktivierung einer von souveränen Bürgern verwalteten Gemeinde ist nur auf diesem Wege möglich! –

Der *freie Mensch* hingegen kann sich jederzeit von den aktivierten Gemeinden einbürgern lassen, da beide Wege dem gleichen Basis-Prozedere unterliegen, - der Klärung des Personenstandes. Ich sehe große Chancen darin, wenn beide miteinander kooperieren, denn der Weg zum Kaiserreich ist sehr beschwerlich und bedarf einer sehr intensiven Auseinandersetzung mit dem Rechtskreis um dieses Thema, ebenso zu den historischen Ausläufern, die im vorhanden Status Quo vereint zum Ausdruck kommen.

Nicht jeder ist geeignet dazu, einen so anspruchsvollen Weg zu gehen, an dessen Ende der Wechsel der Staatszugehörigkeit zum souveränen Bürger führt, - und nur der hat die Macht, über *aktivierte Gemeinden*, die auf dem Handelsrecht fußende paralamentarische Parteien-Diktatur zu beenden. Auch die Forderung nach einem Friedensvertrag ist nur auf diesem Weg möglich und das haben auch die Besatzer und *Reservats-Hüter* erkannt! –

Deswegen haben sie vor, den behördlichen Weg im Jahr 2016 zu schließen. Würde man darauf bestehen und Rechtsmittel in Anspruch nehmen, so könnte man dies nur über die Besatzer Kommandantura beanspruchen und die haben bestimmt kein Interesse daran, ernsthaft im Interesse der Person tätig zu werden! –

Der Weg zum *freien Menschen* hingegen bleibt offen und kann weiter beschritten werden. Es ist ein Weg des freien Willens, der in die Freiheit und die Menschenrechte führt.

In diesem Status gründet man keine Gemeinden, aber **Vereine**, welche als juristische Personen im System alle Rechtsgeschäfte tätigen, wodurch der *freie Mensch* keine willentlichen oder konkludenten Verträge mehr mit dem

System eingeht. Dadurch vermeidet man, dass man erneut unwissentlich zur Person wird! –

Die Vereine könnten aber auch den Gemeinden helfen, die ja *personenstandbereinigte* Menschen brauchen, um ihre Gemeinden zu expandieren. So kann der Verein einen Sitz in die freie Gemeinde legen. Die Mitglieder des Vereines können sich dort einbürgern lassen, wodurch die freien Gemeinden schneller zu ihrer Beschlussfähigkeit gelangen. Man muss das fördern, was gesund ist und sich schon bewährt hat. Mit dem Ende der Widerstände entsteht Synthese und Synergie, die zu einvernehmlichen und harmonischen Bewegungen führen. Das Ergebnis einer solchen Ursache ist dann echter Erfolg, denn wirklicher Erfolg zeichnet sich dadurch aus, dass es nur Gewinner gibt!

Um zu gewinnen muss man trainieren und so sollte man daran gehen, wenn nicht schon geschehen, die im Anhang I aufgeführten Schritte in die Freiheit und raus aus dem System zu machen. – Dies wird abschließend den Besatzungsmächten mitgeteilt, der Personalvertrag wird gekündigt oder man beruft sich nur auf die *Verfassung von 1871*!
Damit wäre dann die erste Etappe geschafft und es geht los, zur zweiten Etappe, -nämlich die Forderung nach einen **Friedensvertrag**!

Bis dahin gilt das alliierte Besatzungsrecht u. a. über die NATO–Verträge bis heute.
Dieses Besatzungs- und Bestimmungsrecht ist höherrangiges Recht gegenüber allen Deutschen Bestimmungen!
Verweis: Art. 139 GG **für** die *Bundesrepublik Deutschland*:

XI. Übergangs- und Schlußbestimmungen (Art. 116 - 146).

Artikel 139

„Die zur "*Befreiung des deutschen Volkes vom Nationalsozialismus und Militarismus*" erlassenen Rechtsvorschriften werden von den Bestimmungen dieses Grundgesetzes **nicht** berührt.“

Artikel 120

„(1) Der *Bund trägt die Aufwendungen für Besatzungskosten* und die sonstigen *inneren und äußeren* <u>*Kriegsfolgelasten*</u> nach näherer Bestimmung von Bundesgesetzen. Soweit diese Kriegsfolgelasten bis zum *1.10.1969* durch Bundesgesetze geregelt worden sind, tragen Bund und Länder im Verhältnis zueinander die Aufwendungen nach Maßgabe dieser Bundesgesetze.
Soweit Aufwendungen für Kriegsfolgelasten, die in Bundesgesetzen weder geregelt worden sind noch geregelt werden, bis zum 1. Oktober 1965 von den Ländern, Gemeinden (Gemeindeverbänden) oder sonstigen Aufgabenträgern, die Aufgaben von Ländern oder Gemeinden erfüllen, erbracht worden sind, ist der Bund zur Übernahme von Aufwendungen dieser Art auch nach diesem Zeitpunkt nicht verpflichtet. Der Bund trägt die Zuschüsse zu den Lasten der Sozialversicherung mit Einschluß der Arbeitslosenversicherung und der Arbeitslosenhilfe.
Die durch diesen Absatz geregelte Verteilung der Kriegsfolgelasten auf Bund und Länder läßt die gesetzliche Regelung von Entschädigungsansprüchen für Kriegsfolgen unberührt.

(2) Die Einnahmen gehen auf den Bund zu demselben Zeitpunkte über, an dem der Bund die Ausgaben übernimmt.

***Verweis*:**

In der Verfassung des *Landes Hessen* wird die Nachrangigkeit des Deutschen Rechtes ebenfalls korrekt nach Völkerrecht beschrieben: Verfassung des Landes Hessen vom

1. Dezember 1946 zum 26.07.2014 aktuellste verfügbare Fassung der Gesamtausgabe.

Artikel 159

„Der vom Kontrollrat für Deutschland und von der Militärregierung für ihre Anordnungen nach Völker- und Kriegsrecht beanspruchte Vorrang vor dieser Verfassung, den verfassungsmäßig erlassenen Gesetzen und sonstigem deutschem Recht bleibt unberührt."

Ich gehe so ausführlich auf diesen Part ein, weil es wichtig ist zu erkennen, dass wir immer noch im Besatzungsstatus sind, was jedoch von Wissenden und Unwissenden vehement geleugnet wird! - Wenn das aber verstanden ist, dann können wir uns einmal die Folgen ansehen, über die niemand redet! – Es ist irgendwie schon lustig, dass wir eigentlich den Schlüssel zu unseren Sklaven-Fesseln immer bei uns tragen, ohne ihn zu verwenden! –

Aus einem unerklärbaren Grund pflegen und hegen wir den *Schlüssel unserer Knechtschaft* und kommen paradoxerweise nicht auf die eigentlich naheliegende Idee, damit die Fesseln zu lösen, um endlich frei zu sein! –
Bloß nicht aus der Reihe tanzen, - nicht auffallen, - eine angepasste Meinung bilden und bedingungslos alles tun was die Obrigkeit fordert; - die haben immer Recht, - dagegen sein, - einen eigenen Standpunkt haben, bringt nur Widerstand und restriktive Maßnahmen, die ebenfalls von Sklaven (Beamten) umgesetzt werden, die man für ihren Verrat an den Mitsklaven belohnt und sie über sie stellt!
Die anderen *„zufriedenen Sklaven"* sind diejenigen, die sich wegen ihrer Fülle über alle anderen stellen. Auch sie sind Sklaven, die jedoch Einfluss auf viele Mitsklaven haben, weswegen das System den *VIP Sklaven* so viele Freiheiten einräumt, so dass diese ihre *narzisstische Nehmerkultur* expandieren können, wobei auch die *VIP Sklaven* bemer-

ken müssen, dass sie weder besser noch schlechter als alle anderen Sklaven sind und genauso (un)vermögend.

Die geltenden *SHAEF Gesetze*, insbesondere das **Gesetz 52** besagt, dass ein *Sklave* kein Eigentum besitzen darf! – Alles was man glaubt, dass es einem gehört, das gehört einem NICHT! Man ist dessen Besitzer, - kann es nutzen, aber **Eigentumsrechte** hat man dadurch nicht! – Das macht uns ALLE gleich – WIR haben NICHTS, - außer UNS!

Wenn Sklaverei zu einem Normalzustand wird, hat das Leben keinen Platz mehr und wird weichen. Zurück lässt es seelenlose Selbstgebilde, die von Innen heraus zerfallen!

Wir haben JETZT die Möglichkeit, alte Fehler nicht mehr zu machen und wir sollten uns JETZT vereinen, geleitet von der Intention, die Bürde der Sklaverei abzulegen, um als *FREIE MENSCHEN* an den Geschicken dieser Welt mit zu wirken, in Frieden und liebevollen Umgang mit Mensch, Tier und Natur! – Ich weiß, - für viele, welche erst jetzt in das Thema kommen, klingt das alles wie ein Albtraum! – Daraus gibt es aber nur einen Weg: ***Erwachen!!!***

Nachfolgende Beispiele sollen euch nahelegen, wie wir ALLE verarscht werden. – Doch glaubt es nicht einfach! Nehmt das, was ihr lest als Grundlage eurer eigenen Meinungsbildung, - recherchiert selbst im Internet, seht euch bei YouTube themenbezogene Dokus an – und , meidet TV, Radio und Zeitungen! – Dieses Thema ist zu wichtig, als dass man es einfach glauben darf! – Überzeugt euch, - seht euch z.B. von *„Hellstorm"* auf YouTube die Nachkriegsgeschichten an, setzt euch damit auseinander und findet eure Wahrheit! – Hinter der müsst ihr nämlich stehen und die Verantwortung dafür übernehmen.

Die allierten Besatzer haben eine *oberste Reservatsaufsicht* hinterlassen, - die rechtlichen Gewalten *in Persona* eines Staatsanwaltes, Richters, Soldaten, Polizisten und andere *Besatzer-Diener*. Zu deren Befugnisse gleich eines Vorweg!

– In einem besatzten Land kann es **kein Hoheitsrecht** geben! Aber genau das Hoheitsrecht legitimiert den Beamten in Form des *Amts-Trägers*, z.B. legitim auf das Eigentum eines Menschen, - wohlgemerkt nicht PERSON, - zuzugreifen! – Hierzu einige interessante Fakten.

DER HOHEITSRECHTMISSBRAUCH

Das **Hoheitsrecht** kann nur auf einer völkerrechtlichen Grundlage zur Anwendung kommen,- niemals aber in einem handelsrechtlichen Wirtschaftsraum!
Hoheitliche Gewaltenträger sind vom Volk beauftragt und sie haben nur einen Sinn: *Dem Wohle des Volkes zu dienen.*
Aus genau diesem Grund kann es auch in einem besatzten Gebiet keine *hoheitlichen Gewaltenträger* geben; - also keine Richter, Staatsanwälte, Politiker oder Polizisten.
Doch werden diese benötigt, um die besatzte Kolonie *rechtstaatlich* ausbeuten und kontrollieren zu können!

So verfügen die „Besatzer-Unternehmen", wer Richter und Gewaltenträger werden darf, wobei diese Menschen nicht dem Wohle des Volkes dienen, in dessen Namen sie ihre

ungültigen Urteile erlassen; - sie dienen dem Wohle der Nutzenschöpfung für die Besatzer! – Sie dienen den *Kolonialherren* und haben Macht über die Personen innerhalb des besatzten Handelsgebietes, - aber nicht über freie Menschen und Menschen die im Personenstand nach StAg oder RuStAg sind! – Dennoch sollte man versuchen die Gerichtsbarkeit zu umgehen, da man mit Willkür und restriktiven Verhalten rechenen muss! – Wenn man den Weg alleine gehen will, so wird es ebenfalls sehr schwer, - auch wenn man glaubt, alles verstanden zu haben, sollte man sich bewusst sein, dass man sich gerade an der Oberfläche des Themas befindet! – Wir reden hier von fast 100 Jahren parlamentarischer Parteien-Diktatur, die jeden Tag am *Deckchen der Macht* gehäkelt hat. Das alles in nur kurzer Zeit zu durchschauen, ist unmöglich! – Man sollte sich mit Menschen zusammentun, die aktiv in dem Thema verwoben sind. Nur dort findet man nützliches Wissen, Austausch und Unterstützung sowie Vernetzung!
Bezüglich unserer Gewaltenherrscher haben die Besatzer Gesetze erlassen, die keiner einhält.

Militärregierungsgesetz Nr. 2; Art. 9
Niemand darf in der *Bundesrepublik Deutschland* ohne Genehmigung der **Militärregierung** als Richter, Staatsanwalt, Notar oder Rechtsanwalt tätig werden!
Die Genehmigung einer solchen Tätigkeit muss vorher - also vor Beginn der Tätigkeit - für jeden Einzelfall in schriftlicher Form eingeholt werden.

Durch **US EUCOM Stuttgart**, vertreten durch *Herrn Lietzau*, wird ausdrücklich bestätigt, dass alle Militärregierungsgesetze bis zum Abschluss eines *Friedensvertrages* mit Deutschland *volle Rechtskraft* besitzen. –
So kommt man leicht aus verworrenen, ich nenne sie mal, *Symptom-Diskussionen* heraus, denen man nicht gewachsen ist, denn der **Friedensvertrag** ist die Voraussetzung für

den Wegfall der **SHAEF** Verträge oder zur Erlangung der Souveränität oder auch zur Ausübung einer *hoheitlichen Gewalt*! – Beendet das falsche Gequassel mit der Forderung den Friedensvertrag vorzulegen, oder zu benennen, wann und wo dieser vollzogen wurde!

Wieder zurück zu unseren *pseudo-Gewalten-Inhabern*, die sich darauf spezialisiert haben, ihren Mitmenschen, bzw. dem *Personal* den Tag zu versauen! – Das können sie wirklich gut, - sie wachsen förmlich aus sich heraus und offenbaren damit die Begrenzung ihres IQ's, der selten die 70 übersteigt! – Also, sie verstehen, dass sie einem anderen Menschen wehtun, wissen aber auch, dass sie das dürfen, weswegen sie es auch tun! – Viel Mensch ist bei so einem *pseudo-Amtswürden-Träger* nicht mehr zu finden!

Wenn nun die Anordnungen der Militärregierung nicht körperlich für jeden einzelnen Fall vorliegen, sind *alle beteiligten Juristen* an **jedem** *bundesdeutschen Gericht* nur **privat handelnde** und **privat haftende Personen**, ohne jegliche Rechtsgrundlage, da die *Bundesrepublik Deutschland* seit 1918 zu keiner Zeit mehr ein souveräner Staat war sondern nur noch ein vom Besatzungsrecht kontrolliertes Handelsreservat!

Richter können demnach Urteile und Beschlüsse in ihrer Position **nicht unterschreiben**. Aus gleichem Grund wird eine Abschrift vom Original nicht beglaubigt.
Man stelle sich einmal vor, dass man das schon immer gewusst hättet, weil man es in der Schule gelernt hat, und/ oder weil es des Öftern in der Zeitung gestanden hätte oder über Fernsehen und Radio immer wieder mitgeteilt worden wäre. – So ist aber nicht!

Immer der gleichen Lüge zu folgen,
macht es der Wahrheit nicht einfach
geglaubt zu werden! – Wahr ist damit nur das,
was sich als Lüge bewährt hat!

So unglaublich es sich anhört, doch ist der <u>*Beamtenstatus*</u>
seit dem ***8. Mai. 1945*** <u>ersatzlos abgeschafft</u>! – Warum:
Deutschland ist besatzt und hoheitliche Rechte kann halt
nun einmal nur ein *souveräner Staat* haben!
Weitere Tatsachen, die bis vor kurzer Zeit kaum jemanden
bekannt waren:

Polizei: Eingetragene Marke (München), hat keinerlei
Hoheitsrechte und ist im Status einer *Werkspolizei*, deren
Rechte nur innerhalb des Firmengebietes (BRD GmbH)
gelten und nur auf das Personal anzuwenden sind!

Ämter: Dabei handelt es sich ebenfalls um Erwerbsunter-
nehmen, die oft gar nicht wissen, dass sie keine *hoheits-*
rechtlichen Befugnisse haben! Allerdings wissen sie, dass
sie einen **DIENST-AUSWEIS** haben, der bezeugt, dass sie im
Dienste dieser Erwerbsunternehmung stehen.
Verlangt deshalb von den Dienstinhabern ihren **Beamten-**
Ausweis, den sie natürlich **<u>nicht</u>** haben, der sie aber be-
rechtigen würde, ***hoheitlich zu handeln***! –
Dennoch, solange man noch *Personal* dieses besatzten BRD
GmbH Handelskonstruktes ist, nimmt man das hin und
zahlt freiwillig (konkludent) als *Person* an die Sklaven-
Organisation!

Wenn man aber **Mensch** ist, dann ist der Amtsinhaber euch
gegenüber rechtlich gesehen eine *natürliche Person*! –
Ein Vergleich wäre, wenn z.B. ein Mitarbeiter des Siemens
Werkschutzes einen Arbeiter einer anderen Organisation,

z.B. VW, mit Sanktionen aus der Siemens-Husordnung belegen möchte. Das geht nicht, weil beide Firmen unterschiedliche und unabhängige Rechtskreise haben. Wenn die beiden ein Problem haben, dann stehen sich zwei natürliche Personen gegenüber im Rechtsbereich des BGB!

Deutschland ist seit Ende des II. Weltkrieges kein souveräner Staat mehr, sondern ein militärisch besatztes Gebiet der alliierten Streitkräfte!
Mit Wirkung vom ***12.09.1944*** wurde es durch die Hauptsiegermacht USA **beschlagnahmt** (SHAEF-Gesetz Nr 52, Artikel I § 1)

Die *Bundesrepublik Deutschland* ist und war nie ein Staat, weder *de jure,* noch *de facto.*

Die *Bundesrepublik Deutschland* ist eine Verwaltung – eine eingetragene Firma ohne jegliche Befugnisse. Siehe *Upik* und sonstige Handelsregister[16].

Eine Zwangsversteigerung stellt eine illegale Zwangsmaßnahme dar. Betroffene werden, mangels der gesetzlich erforderlichen Zulassung der Militär**regier**ung (SHAEF-Gesetz Nr. 52, und Nr. 53, [BK/O] (47) 50), von den Verwaltungsbehörden der sog. Bundesrepublik Deutschland getäuscht.

Wenn man den völkerrechtlichen Status hat das BGB zu nutzen, dann gilt bei Enteignungen der ***§ BGB 823*** (Schadensersatzpflicht).

Allein durch Missachtung der ***SHAEF-Gesetze Nr. 52*** und ***Nr. 53***, wurde durch Ankauf von Hypotheken-Darlehen,

---

[16] http://www.deutsche-finanzagentur.de/de/impressum/

ohne Zustimmung der *Militärregierung* ein unrechtmäßiges Geldgeschäft getätigt, da keinerlei vorher erwirkte Genehmigung der alliierten Streitkräfte vorlag, geschweige denn, über den rechtlichen Tatbestand Aufklärung erfolgt wäre.

Es ist **niemand** rechtlich verpflichtet, Zwangsgelder oder Zwangsgebühren zu zahlen. Bis *1990* war die BRD ihr eigener *Verwalter im Auftrag der Alliierten*, weil Deutschland als Ganzes besatzt wurde.

Der *Bundesrepublik Deutschland* ist es nicht gestattet sich als **Deutschland** zu bezeichnen! **Deutschland** ist gemäß alliierten Besatzungsgesetz und der UNO-Festlegung ausschließlich das **Deutsche Reich** oder **Deutschland** *als Ganzes*, aber keinesfalls die *Bundesrepublik Deutschland*!

Prof. Dr. Carlo Schmid 1949 an das deutschen Volk:

*"...es wird **kein** neuer Staat gegründet, sondern Westdeutschland als provisorisches Konstrukt neu organisiert... wir haben keinen Staat zu errichten".*

Eine Firma, wie die *Bundesrepublik Deutschland*, hat keinerlei Hoheitsrechte und auch wenn wir die BRD GmbH eine Firma nennen, so hat sie doch eher den Charakter eines *Reservates*, dessen *Reservatsaufseher* die Lohn-Sklaven im Laufrad der Ökonomie und Nutzbarkeit festnageln.

Alle Militärregierungsgesetze z.B. SHAEF- Gesetz Nr. 2, Artikel III, IV und V §§ 7, 8 und 9 besitzen in Deutschland volle Rechtskraft.

Das Strafgesetzbuch, **Kontrollratsbeschlüsse** und das **Zonenstrafrecht** sind bis zum heutigen Tage voll gültig.

Beweis:
Carl Haymann Verlag Berlin 1948, *Lizenznummer 76-G.N. 0-47-316/47.Verlagsarchiv 12 292, Lizenz erteilt unter Nr. 76 Druckgenehmigungsnummer 8958 der Nachrichtenkontrolle der amerikanischen Militärregierung in Deutschland.*

Der ehemalige Devisenbeschaffer der DDR, Alexander Schalk Golodkowski, wurde 1996 nach dem Militärregierungsgesetz Nr. 53 verurteilt, womit der Beweis erbracht wird, dass die Militärregierungsgesetze der Besatzer, also auch die SMAD-Befehle und SHAEF-Gesetze von den USA immer noch angewendet werden!

Angesichts dieser Beweislage zu argumentieren und zu bestreiten, dass diese Gesetze keine Anwendung finden würden, ist arglistige Täuschung bzw. Betrug.
Jedes Mitglied der Alliierten Kommission hat von dieser Rechtslage im vollen Umfang Kenntnis.

Alle Banken, die diese Rechtslage missachten, werden wegen fortlaufenden Verstoßes gegen das **SHAEF-Gesetz** Nr. 52 und Nr. 53, [BK/O] (47) 50 bestraft und müssen bei der zuständigen alliierten Kommandantur angezeigt werden.

Sollte die *Bundesrepublik Deutschland-Scheingerichtsbarkeit* wagen, im Einklang mit den aktiven Interessen Zwangsversteigerungen durchzuführen, muss gegen das Scheinurteil eine Klage bei der **zuständigen alliierten Kommandantur** und in *England* auf Schadensersatz, sowie auf Beihilfe zum Betrug und Rechtsbeugung eingereicht werden.

Der Umstand ein besatztes Land zu sein, bringt seine ganz eigenen Gesetzmäßigkeiten, die sich jedoch noch weiter vermischen, - mit den Interessen, die hinter den *politischen Hampelmann-Aktionen* verborgen sind. Sie wirken sich direkt und unmittelbr auf die *gefühlte* wie auch auf die real existente Lebensqualität aus.

Die Autoren *Weik/Friedrich*[17] informieren u.a. über die Vernichtung unseres *Wohl-Standes* durch ein ausgeklügeltes Bankensystem. Der heutigen Bankmacht liegt ein fast 500 Jahre alter Plan mächtiger Familien und der Kirche zugrunde, welche mit der Kolonialisierung bzw. der Handelsmächte begann. Kriege finanzierten die nächsten Kriege! So hat uns aktuell eine Besatzungszeit mit *Wohl-Stand* und vollen Töpfen getäuscht und verpflichtet.
Verschuldet mit Spielgeld, werden nun kontinuierlich die Daumenschrauben angezogen! – Sie haben Generationen zu Soldaten erzogen, und ließen uns vergessen, wer regiert. Die zunehmenden Zwänge durch immer schnellere Umverteilungen des Reichtums veranlassen Eltern, ihre Kinder *erziehen zu lassen*, um mehr arbeiten zu können.

Nick Rockefeller fragte einen Freund:

„Um was, glaubst du, ging es bei der Frauenbefreiung? – Wir, die Rockefellers haben das finanziert. Wir, die Rockefeller-stiftung waren diejenigen, die die Bewegung überall ins Fernsehen und in die Zeitung gebracht haben. – Willst du wissen warum? –
Es gab zwei Gründe: - Vor der Bewegung konnten wir nur die Hälfte der Bevölkerung besteuern! – Der zweite war, jetzt haben wir die Kinder von jungen Jahren an in den Schulen.

---

17 http://www.cashkurs.com/autoren/matthias-weik-und-marc-friedrich/

Wir können die Kinder indoktrinieren, ihnen beibringen, wie sie denken sollen. Das bricht die Familie auf.
Die Kinder betrachten den Staat, die Schule und die Amtsträger als ihre Familie und nicht mehr die Eltern[18]*!"*

Barnett schreibt auch etwas zur Methodologie der amerikanischen Wirtschaftspolitik und wie man die US-Schulden dem Rest der Welt aufbürdet. Sei der Rest der Welt sinngemäß dumm genug, für kleine Fetzen Papier, die in der Herstellung fast nichts kosten, PKW's oder Computer zu liefern. Und auch, dass die Amerikaner und zukünftig auch die EU, mit ihrer Währung ein Luftgeschäft betreiben. Nun ist auch bekannt, dass die Privatbanken EZB / FED die Währungspolitik und Hunger durch Getreidepreise steuern und weit mehr als nur den Goldpreis regulieren und dass durch deren Ziensziehen selbst Unternehmer immer häufiger nur noch auf Kredit in den Urlaub fahren können. Die Blutsauger haben sich nur deshalb diese Macht bis hinein in die Wohnzimmer erarbeiten können, weil wir nicht gelernt haben, global und über Generationen verantwortlich zu denken. Meist beziehen wir die Entstehung der Kolonien nicht mit ein, wenn wir über die von den Mächtigen initiierten Kriege diskutieren. – Lassen sich unsere Jura Studenten die Gesetze zeigen, die ihren Status bestimmen? – **GVG § 15** *„Alle Gerichte sind Staatsgerichte"* – <u>existiert nicht mehr,</u> - doch dafür das **GG Art. 133**, *„Der Bund tritt in die Rechte und Pflichten der Verwaltung des Vereinigten Wirtschaftsgebietes ein."*

Wie gewohnt marschieren wir weiter, zahlen Steuern, die verboten sind, an einen Staat, der eine Firma ist.
Wir gehorchen und dienen Körperschaften, die Unternehmen sind, bauen unter der Herrschaft dieser ganzen

---

[18] Dr. Vogt, „Weltherrschaft", - DVD auch bei YouTube

Berufsgruppen auf, ohne deren Staatsbefugnis oder Lizenz der Besatzungsmacht je gesehen zu haben. Wir nehmen Kredite auf, für Studium, Haus, Auto oder Urlaub und zahlen das *Schein-Geld* nebst Zinsen zurück und sichern es zudem mit dem durch unsere Hände Arbeit Geschaffenem! – *Tja , Unwissenheit macht böse Jungs stark!*

Ich sagte ja schon, dass dieses Thema eine unendliche Tiefe hat und man in Gefahr läuft, sich darin zu verlieren.
Die wichtigsten Eckdaten sind weitestgehend angesprochen worden und ich kann immer wieder erneut an euch appellieren, nehmt euch Zeit und entwickelt Interesse für dieses Thema, - zumindest für eine bestimmte Zeit. Lasst Euch von eurem Herzen führen und vertieft die Themen, bis sie sich für euch verstanden anfühlen.

JEDES ERWACHEN IST EINE WIEDERGEBURT!

Auch wenn das Erwachen schmerzhaft ist und man es am liebsten gar nicht wahrhaben möchte, - es ist die Wahrheit und sie ist der Boden, auf dem wir für die Zukunft bauen! – Es sind unsere Entscheidungen welche die Zukunft formen! Frieden, Harmonie und ein artgerechtes Leben in Symbiose mit seinem Umfeld, sind die Grundrechte eines jeden freien Menschen. Es ist keine Schande oder Absonderlichkeit sich dafür einzusetzen! – Im Gegenteil,- man muss sich gegen ALLE und ALLES wehren, was einem Menschen das Recht auf sein *Menschsein* nehmen oder streitig machen möchte!

Zum Aufwachen gehört es auch, die Dinge im wahren Licht zu sehen. Viele sind der fälschlichen Meinung, dass mit den *2 + 4 Verträgen* im Jahr 1990 die *Bundesrepublik Deutschland* wieder souverän ist! – IRRTUM! –

Um was ging es wirklich? -

Der dritte Vertrag im fortgeführten Handelsrecht ist der oben aufgeführte *2+4 Vertrag.*
In diesem Vertrag geben die **handelsrechtlichen** Parteien die *Besatzung des Jahres 1945* auf. – Da ging es um *„Infrastrukturelle Umstellungen im Wirtschaftsalltag"* und nicht um völkerrechtliche Belange! - Außenminister *Baker* USA, setzt den **Art. 23** (*Geltungsbereich* des GG) 1990 außer Kraft und übergibt die **Verwaltung** der **Bundesbürger**, *nicht aber der Staatsangehörigen* der Bundesstaaten von **vor 1918**, an den **Verein im Handelsrecht** *Europäische Union (EU).* – Jetzt nutzt man das Vereinsrecht, um die geschlossenen Bundesstaats-Konstrukte zu konsolidieren und unter einen Hut zu bringen! –

Ein Verein, muss man wissen, ist innerhalb seiner Grenzen **ein Hoheitsgebiet**, das gem. Vereinsstatut bevollmächtigt werden kann! – Im Bezug auf Menschenrechte sind die Mitglieder eines Vereins nahezu gleichgestellt, wie die Bürger eines Staates! - So ist es z.B. möglich, dass die *EU Aufstandsbekämpfung* tödliche Gewalt nach eigenem Ermessen anwenden darf, ohne die Völker- oder Menschenrechte zu verletzen, sofern die Aktion mit der Satzung des Vereins konform geht.

Um diesen Übergang vorzubereiten, hat man in den Jahren *2006 bis 2010* durch die **Bereinigungsgesetze** die Verordnungen, Anordnungen und Empfehlungen der direkten **Besatzungsverwaltung** für Staatsangehörige der Bundesstaaten, durch **Streichung des Geltungsbereiches** außer Kraft gesetzt.

Gesetze können nur von einem souveränen Staat erlassen werden. Die BRD-Verwaltung greift daher in den Jahren 2009 und 2011 bei der **ZPOEG** und der **StPOEG** auf die Gesetze *des Kaiserreiches aus dem Jahr 1877* zurück.

Merke: ZPOEG, StPOEG, BGBEG sind nur Verordnungen einer Handelsverwaltung.

Nach wie vor sind wir bis zum Friedensvertrag zum I. Weltkrieg noch immer ein besatztes Land, aber die **Staatsangehörigen nach RuStAg 1913** können sich ab dem *12. September 1990* nach dem **2+4 Vertrag** wieder selbst, *ohne direkte Verwaltung der Alliierten,* organisieren.
<u>Das heißt:</u> Die Gemeinden und Städte die nach 1990 von den Alliierten ins Handelsrecht gesetzt wurden, sind jetzt als *Gebietskörperschaft* mit dem **Bodenrecht** freigegeben.

Die Staatsangehörigen die ihre Vorfahren bis vor 1914 (RuStAg 1913) nachweisen können, haben die Möglichkeit die *rechtsfähige Gemeinde* wieder zu aktivieren. –
Das bedeutet, dass der *„Gelbe Schein"* oder eine andere Art der souveränen Menschwerdung nicht das Ende, sondern der Anfang auf dem Weg zur Menschwerdung sind! –

Man hat den Deutschen dieses Recht wahrscheinlich zugesprochen, weil man davon ausgeht, dass das Volk nach jahrzehntelanger Konditionierung nicht mehr fähig ist, sich zu verbinden, um *rechts- und handlungsfähige Gemeinden* nach dem Völkerrecht zu aktivieren! – Von seiner Uneinigkeit einmal abgesehen.
Das fühlt sich ein wenig danach an, als wenn man einem Amputierten einen Fußball schenkt, mit dem er Karriere machen darf.
Wir müssen uns also um uns selbst kümmern und so bleibt es niemanden erspart, sich mit den Gesetzen auseinander

zu setzen, damit wir *flügge* werden und mit einheitlicher Stimme die Wahrheit verkünden. Aus diesem Grund führe ich nun *21 rechtliche Sachverhalte* auf, die zum einen relevant für verbale Konfrontationen sind, zum anderen sind sie ein guter Leitfaden zu wichtigen Informationen, die man auf sich alleine gestellt vielleicht nicht verifizieren könnte. – Man muss das Rad nicht immer neu erfinden, - es reicht schon, wenn man sich Gedanken macht, wozu man es überall einsetzen kann.

Ich hatte durch meinen *Bruder Markus* einen sehr kompetenten Berater an meiner Seite, der mich sicher durch das Dickicht geführt hat. In penibelster Kleinarbeit hat er auf seiner Homepage[19] einen behördlichen Vorgehensleitfaden publiziert, der jedem Menschen auf den Weg zum „*Gelben Schein*" sehr hilfreich sein kann.
Eine andere Alternative ist **Mutter Erde e.V.,** der sich aus engagierten und rechtlich sehr versierten Menschen zusammensetzt. Der Verein hat seit Februar, als er seine Vereinsarbeit aufnahm einen unwahrscheinlichen Zulauf. Alois Wibmer, einer der Mitinitiatoren des Vereins, ist ein alter Freund von mir, der sich schon lange mit diesem Thema befasst und mutig Wege beschritt, die vor ihm noch niemand beschritt. Er ist authentisch und er hat mit seinem Freundeskreis[20] etwas Tolles auf die Beine gestellt, - ein Forum des Austausches und des gemeinsamen Wirkens aus freier Intention, mit prominenten Referenten zu allen Themen des Menschseins. Leider ist der **Mutter Erde e.V.** von all den Bewegungen, die ich auf meinem Weg kennen gelernt habe, eine Ausnahme, - doch dazu später etwas mehr.

---

[19] http://www.unbequemewahrheiten.de
[20] Kontakt zum Alois und Freundeskreis unter: AWibmer@gmx.net

Jetzt der rechtliche Leitfaden und dann gehen wir dazu über, uns um Lösungen zu bemühen. Egal wie hoffnungslos eine Lage aussieht, - *es gibt immer einen Weg!*

21 RECHTSFAKTEN

1. Deutschland ist seit dem Ende des II. Weltkrieges kein souveräner Staat, sondern militärisch besatztes Gebiet der alliierten Streitkräfte. Es wurde mit Wirkung zum **12.09. 1944** durch die Hauptsiegermacht, die Vereinigten Staaten von Amerika beschlagnahmt *(vgl. SHAEF-Gesetz Nr.52, Art.1 Sup. Headquarters Allied Expeditionary Forces).*
Alle Vorbehaltsrechte der Alliierten haben bis zum **heutigen** Tage **uneingeschränkte** Gültigkeit.
Die Alliierten haben dies im *„Übereinkommen zur Regelung*

bestimmter Fragen in Bezug auf Berlin" vom **25.09.1990** (BGBl. 1990, Teil I, Seite 1274) nochmals bekräftigt, also nach dem sog. *„Einigungsvertrag"* vom **31.08.1990**. Dies hat auch unmittelbar Gültigkeit für das ganze Land, da der völkerrechtliche Grundsatz Anwendung findet:

„Was in der eroberten Reichshauptstadt gilt, gilt auch im eroberten Reich!"

Folgende Stellen aus dem *„Übereinkommen zur Regelung bestimmter Fragen in Bezug auf Berlin"* belegen das fortgeltende Besatzungsrecht der Alliierten:

„In der Erwägung, dass es notwendig ist, hierfür in bestimmten Bereichen einschlägige Regelungen zu vereinbaren, welche die deutsche Souveränität in Bezug auf Berlin nicht berühren..." (Präambel, Abschnitt 6)

„Alle Rechte und Verpflichtungen, die durch gesetzgeberische, gerichtliche oder Verwaltungsmaßnahmen der alliierten Behörden in oder in Bezug auf Berlin oder aufgrund solcher Maßnahmen begründet oder festgestellt worden sind, sind und bleiben in jeder Hinsicht nach deutschem Recht in Kraft, ohne Rücksicht darauf, ob sie in Übereinstimmung mit *anderen Rechtsvorschriften begründet* oder *festgestellt* worden sind."

Diese **Rechte** und **Verpflichtungen** unterliegen ohne Diskriminierung denselben künftigen gesetzgeberischen, gerichtlichen und Verwaltungsmaßnahmen wie gleichartige nach deutschem Recht begründete oder festgestellte Rechte und Verpflichtungen." (Artikel 2)

„Alle Urteile und Entscheidungen, die von einem durch die alliierten Behörden oder durch eines derselben eingesetzten Gericht oder gerichtlichen Gremium vor Unwirksamwerden der Rechte und Verantwortlichkeiten der Vier Mächte in oder in Bezug auf Berlin erlassen worden sind, bleiben in jeder Hinsicht nach deutschem Recht **rechtskräftig** und **rechtswirksam** und werden von den deutschen Gerichten und Behörden wie Urteile und Entscheidungen deutscher Gerichte und Behörden behandelt. (Artikel 4)

2. Deutschland hat bis heute **keinen rechtsgültigen Friedensvertrag** mit den Gegnern des I. und II. WK's geschlossen, wobei der Friedensvertrag zum I. WK den zum II. WK obsolet macht, da dieser nur ein Waffenstillstandsbruch des I. WK war! – **Kein Friede**, - weder mit den vier alliierten Besatzungsmächten, noch mit irgendeinem anderen Staat. Aufgrund der „*Feindstaatenklausel*" der **Vereinten Nationen** (Artikel 53 und 107 der UNCharta) befindet sich Deutschland mit insgesamt *47 Staaten* völkerrechtlich noch immer im Kriegszustand. Darunter, wie bereits erwähnt, auch **Syrien,** Irak oder Lybien. Dieser Kriegs-Zustand kann nur durch einen Friedensvertrag beendet werden!

Im SHAEF-Gesetz Nr. 3 (veröff. von der Militärregierung ¨**für** Deutschland – Kontrollgebiet des obersten Befehlshabers, bestätigt und ausgegeben am *15.11.1944*), erkennen folgende Staaten die U.S.A. als Oberbefehlshaber und Hauptsiegermacht des II. Weltkrieges und somit den **fortwährenden Kriegszustand an** (Deutschland hat bis zum heutigen Tage nur einen Waffenstillstand).

3. Die „*Bundesrepublik Deutschland*" (BRD) war zu **keinem Zeitpunkt** Rechtsnachfolger des „*Deutschen Reiches*", sondern nur ein **„*besatzungsrechtliches Konstrukt*"** zur Selbstverwaltung eines Teiles von Deutschland für eine bestimmte Zeit. Die „*Bundesrepublik Deutschland*" (BRD) war *nie ein souveräner Staat*, sondern stellte genau wie die „*Deutsche Demokratische Republik*" (DDR) eine vorübergehende Verwaltungseinheit im besatzten Deutschland dar.

Das besatzungsrechtliche Mittel „*Bundesrepublik Deutschland*" existierte auf der Grundlage des konstituierenden „Grundgesetzes" vom *23.05.1949 bis 17.07.1990.*

Hierzu auch das Urteil vom Bundesverfassungsgericht vom 31.7.1973: *„Das Deutsche Reich existiert weiter."* –

Das ist ein wichtiges Urteil, das man sich einprägen sollte!

4. Berlin hat seit Ende des Krieges einen besatzungs- und verfassungsrechtlich „*besonderen Status*" und war **nie** ein Teil der BRD. Berlin **war** niemals und **ist** bis heute **kein Land** *der „Bundesrepublik Deutschland"*. Dies haben die Alliierten im Genehmigungsschreiben der Militärgouverneure *zum Grundgesetz vom 12.05.1945* (Abs.4) festgeschrieben.

Dieser Tatsache trägt auch das Bestätigungsschreiben der Alliierten Kommandantura zur Verfassung von Berlin (BKO (50) 75 vom *29.08.1950* (VOBl. I S.440) in Verbindung mit BKO (51) 56, Abs.2 vom *08.10.1951* Rechnung, in dem die Alliierten zwei Absätze der Verfassung von Berlin außer Kraft setzen:

- *Absatz 2*, in dem festgestellt wird, dass Berlin ein Land der *Bundesrepublik Deutschland* sei und

- *Absatz 3*, in dem erklärt wird, dass Grundgesetz und Gesetze der „*Bundesrepublik Deutschland*" für Berlin bindend seien. Im „*Übereinkommen zur Regelung bestimmter Fragen in Bezug auf Berlin*" vom *25.09.1990* (BGBl. 1990, Teil II, S. 1274) wurden diese Tatsachen nochmals bestätigt.

Damit waren und sind Bürger von Berlin (in Ost und West)
keine Bürger der *„Bundesrepublik Deutschland"*.
Sichtbare Zeichen der *Exterritorialität* von Berlin gegenüber der BRD ist beiderseitige Nichtzuständigkeit Berliner
und bundesdeutscher Behörden, die ***Neutralität der Abge-
ordneten im Bundestag*** und die Freiheit der Berliner
Bürger vom Wehr- bzw. Ersatzdienst.

5. Das besatzungsrechtliche Provisorium BRD erhielt
keine vom Volk in freier Selbstbestimmung gewählte
Verfassung, sondern lediglich ein *„Grundgesetz"*.
Nach geltendem Völkerrecht („Haager Landkriegsordnung"
von 1907, Art. 43, [RGBl.1910]) ist ein „Grundgesetz" ein
„Provisorium zur Aufrechterhaltung von Ruhe und Ordnung in einem militärisch besatzten Gebiet für ***eine
bestimmte Zeit"*** – nicht für ewig. Die provisorische Natur
des „Grundgesetzes **für** die BRD" kommt im *Artikel 146*
zum Ausdruck, der auch im sog. *„Einigungsvertrag"*
erhalten blieb:

*„Dieses Grundgesetz verliert seine Gültigkeit an dem Tage,
an dem eine Verfassung in Kraft tritt, die vom **Deutschen
Volke** in freier Entscheidung beschlossen worden ist."*

Im ***Artikel 25*** des Grundgesetzes verpflichtet sich die *Bun-
desrepublik Deutschland*, die allgemeinen Regeln des
Völkerrechts anzuerkennen. Sie sind damit Bestandteil des
Bundesrechts, gehen anderen Gesetzen vor und erzeugen
Rechte und Pflichten unmittelbar für die Bewohner des
Bundesgebietes.

Als völkerrechtlicher Vertrag ist somit auch die ***„Haager
Landkriegsordnung"*** dem *„Grundgesetz **für** die Bundes-
republik Deutschland"* übergeordnet.
Solange die *Bundesrepublik Deutschland* (BRD) mit Ihrer

Politik die Übergabe der Regierungsverantwortung an den Reichskanzler des Staates „*Deutsches Reich*" verhindert, so leistet die BRD einem Krieg gegen Deutschland Vorschub, denn gemäß „*Haager Landkriegsordnung*" darf ein Land **60 Jahre besatzt** werden. Aus diesem Grunde sind selbst in den U.S.A. bei Immobilienverkäufen die Eigentumsverhältnisse auf 60 Jahre rückwirkend zu überprüfen.

Nun gibt es für die U.S.A. zwei Möglichkeiten:

1 - Es kommt zu einem friedlichen Wechsel der Regierungsverantwortung in Deutschland und die U.S.A. wird somit in die Lage versetzt, mit dem ehemaligen Kriegsgegner, nämlich dem „*Deutschen Reich*", einen Friedensvertrag zu schließen, oder aber ...

2 - der U.S.A. bleibt zur Sicherung Ihrer Ansprüche leider nichts anderes übrig, als in einem **neuen Krieg** gegen *Deutschland,* dieses erneut besatzen zu müssen, mit aller Not, Elend, Leid, Hunger usw.; dann würden die oben genannten 60 Jahre erneut von vorne beginnen.

Betrachten wir uns jetzt einmal was gerade alles um uns herum passiert und die dubiose, offensichtliche und dennoch unerkennbare Stregie der USA, die alles andere im Sinn hat, als Frieden und Eintracht zu stiften, dann kann man sich selbst ausrechnen, für welche Alternative sich die Besatzer entschieden haben!

6. Mit der Streichung des **Artikels 23** ist am **17.07.1990** nicht nur das Grundgesetz, sondern die „*Bundesrepublik Deutschland*" selbst als provisorisches Staatsgebilde erloschen. Am *17.07.1990* verfügten die Alliierten während der **Pariser Konferenz** neben der Aufhebung der

„Verfassung der DDR" die Streichung der Präambel und des **Artikels 23** des „Grundgesetzes *für* die Bundesrepublik Deutschland". Mit dem territorialen Geltungsbereich verlor das *„Grundgesetz für die Bundesrepublik Deutschland"* als Ganzes mit Wirkung zum **18.07.1990** seine Gültigkeit. (BGBl. 1990, Teil II, Seite 885,890 vom 23.09.1990).

Da die BRD verfassungsrechtlich (festgestellt mit Urteil des Bundesverfassungsgerichtes) ihre Hoheit ausdrücklich „auf den Geltungsbereich des Grundgesetzes" bezog, war mit dem Grundgesetz auch das **besatzungsrechtliche Mittel „<u>BRD</u>"** aufgelöst.

Seit diesem Zeitpunkt – **18.07.1990** – existiert das besatzungsrechtliche Provisorium namens *„Bundesrepublik Deutschland"*, das 41 Jahre lang die Belange für einen Teil des Deutschen Volkes treuhändisch für die Westalliierten zu verwalten hatte, nicht mehr.
Alle von der Regierung und den Behörden der untergegangenen *„Bundesrepublik Deutschland"* seit ihrem Erlöschen getätigten Rechtsgeschäfte und Verwaltungsakte sind danach **rechtswidrig** und **ungültig**!

Alle seitdem ausgestellten Pässe, Personalausweise, Führerscheine, Kfz–Zulassungen und Kfz-Schilder, sowie alle seitdem erlassenen Gesetze, Verordnungen, Verwaltungsvorschriften und alle seitdem auf der Grundlage des nicht mehr rechtswirksamen Grundgesetzes durchgeführten Wahlen der *„Bundesrepublik Deutschland"* sind nichtig!

Nachweislich ist seit der Streichung des **Artikel 23 a.F.**[21] **Grundgesetz** eben dieser Paragraph am *31. August 1990*, dem Tag der Unterzeichnung des *"Einigungsvertrages"*, nicht mehr existent gewesen, da er am <u>17.07.1990</u> gestri-

---

[21] a.F. – außer Funktion

chen wurde. Damit kann der §1 des *Einigungsvertrages* (Beitritt gemäß Art. 23 a.F. **GG**) wohl kaum umsetzbar gewesen sein.

Das *Grundgesetz*, das seinerseits ebenfalls nie ratifiziert worden ist (!) und nur durch "*faktische Unterwerfung*" eine Art Gewohnheitsrecht in der "BRD" wurde[22], kann aber als *Ersatzverfassung* nicht auf eine selbst ausdrücklich vorgenommene **räumliche Definition seines Geltungsbereichs** (siehe GG Art. 23 a.F.) verzichten. Als ranghöchstes Recht hat es diese grundlegenden Bestimmungen selbst zu treffen! Dies ist derzeit nicht mehr der Fall und somit ist die vermeintliche BRD nur noch eine nichtstaatliche Organisation, - ein *NGO Staat*, - aufgebaut Lug und Trug!

<u>Jedes Gesetz</u> benötigt für seine **<u>Wirksamkeit</u>** einen Geltungsbereich. Durch die Aufhebung des *Art. 23 GG* wurde das Grundgesetz juristisch gesehen unwirksam, weil für die Wirksamkeit nun der **Geltungsbereich** fehlt.
Das Bundesverwaltungsgericht[23] hat 1964 festgestellt, dass Urteile, die außerhalb des Geltungsbereichs des **Art. 23 GG** gefällt wurden, absolut ungültig sind. – <u>Genau heißt es:</u>

Bei einer Verordnung oder Satzung, deren Zweck es ist, ein **bestimmtes Gebiet** *allgemein oder einzelne natürliche Gegenstände* **innerhalb eines bestimmten Gebietes** *besonders unter Schutz zu stellen, ist die zweifelsfreie Bestimmbarkeit der* **Schutzgebietsgrenzen** *ein <u>unabdingbares Wirksamkeitserfordernis</u>. Der wesentliche Inhalt einer derartigen Verordnung oder Satzung besteht daher* **<u>nicht</u>** *nur in Regelungen über Art und Umfang von Handlungsbeschränkungen innerhalb des Schutzgebiets, sondern auch*

---

[22] vgl. Prof. Dr. Carlo Schmid in seiner Rede im Parlamentarischen Rat vom 8. September 1948

[23] Ohne Geltungsbereich ist ein Gesetz wegen "*Verstoßes gegen das Gebot der Rechtssicherheit*" ungültig und nichtig (BVerwGE 17, 192 = DVBl 1964, 147).

und gerade darin, wo derartige Beschränkungen in **räumlicher Hinsicht** *enden oder – je nach Standpunkt – beginnen. Jedermann muß, um sein eigenes Verhalten darauf einrichten zu können, in der Lage sein, den* **räumlichen Geltungsbereich** *einer Satzung ohne weiteres festzustellen. Eine Verordnung, die hierüber Zweifel aufkommen läßt, ist unbestimmt und deshalb wegen* **Verstoßes gegen das Gebot der Rechtssicherheit <u>ungültig</u>.**

Das bedeutet, dass wir in einem absolutem Rechtsvakuum gefangen sind, in dem die blanke Willkür regiert! – **ALLE GESETZE SIND UNWIRKSAM** und gelten nur deswegen, weil sie konkludent praktiziert und akzeptiert werden!
- Verrückte Welt! –

In der Gesetzgebung ist es üblich, dass bei aufgehobenen Paragraphen ein *"entfallen"* bzw. *"aufgehoben"* gesetzt wird und neue Paragraphen mit einer neuen Nummer angefügt werden, gegebenenfalls mit angehängten Kleinbuchstaben. Mit dem *Europa-Artikel* wird der alte **GG Artikel 23 *"überdeckt"*** und wer eine neue Version des Grundgesetzes in Händen hält, findet keinen Hinweis auf den aufgehobenen Artikel 23. (?) – Diese *Europa-Modifikation* des Grundgesetzes vollzog man im Jahr 1992, was durch die listige Darstellung wie zuvor beschrieben, zu vielen Missverständnissen führte.

Da die „Bundesregierung" nicht auf der Basis einer vom Volk in freier Wahl angenommenen Verfassung regiert, begründet sie deshalb nach **Völkerrecht** die Staatsform einer **Diktatur**!
Und ich möchte, um die Diktatur zu unterstreichen, explizit auf den neuen **GG Art. 23** verweisen, bei dem es im *Abs. 1* heißt, **„Der Bund kann hierzu durch Gesetz mit Zustimmung des Bundesrates <u>Hoheitsrechte</u> übertragen."**

Man hat den *Geltungsbereich* aufgehoben und erzeugt Willkür und man hat sich völkerrechtswidrig das Recht zur Ausübung von **Hoheitsgewalt**, mehr oder weniger wieder einmal durch Selbstermächtigung, ins Grundgesetz eintragen lassen, - bei so viel Willkür ist natürlich der Geltungsbereich nur noch eine Nebensache! – Illegal, – und doch durch die Legislativmacht der parlamentarischen Diktatoren, **legal**isiert, denn es wird wohl keinen Richter geben, welcher das gegen den Willen der Besatzer und ihrer willigen *Kolonie-Aufseher* aburteilt, wie es rechtens wäre! – Offensichtlicher kann es nicht mehr werden.

7. Mit dem Erlöschen des Grundgesetzes ist die „Weimarer Verfassung" von *1919* wieder in Kraft.
Die Verfassung des Staates *„Deutsches Reich"* ist seit dem *18.07.1990* die einzige Rechtsgrundlage des Deutschen Volkes. Die *„Weimarer Verfassung"* vom *11.08.1919* ist **nie** völkerrechtlich wirksam aufgehoben oder ersetzt worden.

Deshalb ist sie nach der Auflösung des Grundgesetzes, die einzig gültige verfassungsmäßige Rechtsgrundlage in Deutschland. Sie ist die einzige Verfassung, die vom Deutschen Volk in freien Wahlen angenommen wurde.
Sie gilt in der Fassung vom *30.01.1933* mit den durch die alliierte Gesetzgebung bis zum *22.05.1949* vorgenommenen Veränderungen. Zwar wurde die *Weimarer Verfassung* durch die Nationalsozialisten *1935* mit dem ***"Gesetz zur Gleichschaltung der Länder mit dem Reich"*** und der Schaffung des Landes „Sachsen-Anhalt" völkerrechtswidrig außer Kraft gesetzt, doch sind diese Gesetze der Nationalsozialisten durch das *SHAEF-Gesetz Nr.1* der Alliierten wieder aufgehoben worden. Damit gilt der Verfassungszustand vom *30.01.1933*.

8. Der Staat "*Deutsches Reich*" als Institution des Völkerrechts ist 1945 bei der Kapitulation nicht untergegangen.
Am **08.05.1945** hat nicht der Staat „*Deutsches Reich*", sondern die **_Deutsche Wehrmacht_** von Groß-Berlin die „Bedingungslose Kapitulation" in Berlin-Karlshorst unterschrieben. Das *Deutsche Reich* wurde beschlagnahmt und verlor danach durch die Festnahme der **Regierung Dönitz** seine Handlungsfähigkeit.
Nach den Plänen der Alliierten sollte es dem Deutschen Volk nach Abschluss eines Friedensvertrages zurückgegeben werden.

Die von den Alliierten definierte Territorialität *Deutschlands* waren und sind die Reichsgrenzen vom **31.12.1937**.
Das Bundesverfassungsgericht hat dies mit Urteil vom 31.07.1973 bestätigt:

„Es wird daran festgehalten, dass das deutsche Reich den Zusammenbruch 1945 überdauert hat und weder mit der Kapitulation noch durch die Ausübung fremder Staatsgewalt in Deutschland durch die Alliierten noch später untergegangen ist; es besitzt nach wie vor Rechtsfähigkeit, ist allerdings als Gesamtstaat mangels Organisation nicht handlungsfähig. Die BRD ist **nicht** „Rechtsnachfolger" des Deutschen Reiches." (Urteile 2 Bvl.6/56, 2 BvF 1/73, 2 BvR 373/83; BVGE 2,266 (277); 3, 288 (319ff; 5.85 (126); 6, 309, 336 und 363).
Gemeint ist das **II. Deutsche Reich** (Die „Weimarer Republik"), da das **III. Reich 1945** durch die Alliierten mit Aufhebung der verfassungswidrigen Gesetze der Nationalsozialisten aufgelöst worden war. Diese Urteile sind zwischenzeitlich zu keinem Zeitpunkt revidiert worden und auch nicht durch die geänderten politischen Verhältnisse in Europa hinfällig geworden.

Das besatzungsrechtliche Provisorium *„Bundesrepublik Deutschland"* war und ist zu keinem Zeitpunkt identisch mit dem Staat **Deutsches Reich.** Es konnte auch, da nicht souverän, zu keinem Zeitpunkt die Rechtsnachfolge des *Deutschen Reiches* antreten!

9. Die Alliierten haben 1985 die Handlungsfähigkeit des *Deutschen Reiches* wieder hergestellt. (Dies ist u.a. im Urteil des LG Berlin/r **AZ. 13.0.35/93** festgestellt worden).
Die Regierungsvertreter und alle anderen Beamten des Staates *„Deutsches Reich"* sind mit Eid dienstverpflichtet und unterstehen der Genehmigung, Anweisung, Kontrolle und Gerichtsbarkeit der amerikanischen Streitkräfte, im Endeffekt deren Oberbefehlshaber, dem Präsidenten der U.S.A. Die U.S.A. haben als Hauptsiegermacht des II. WK unter anderem die **Reichsbahn** als *Sondervermögen des Deutschen Reichs beschlagnahmt!*

10. Das **Hoheits**- und Vertretungsrecht über Deutschland kann völkerrechtlich nur **von einer Regierung** des **"Deutschen Reiches"** ausgeübt werden! Die Regierung des *„Deutschen Reiches"* ist die einzige Instanz, die aber territoriale und hoheitsrechtliche Belange des deutschen Volkes entscheiden kann.
Es war niemals irgendeinem Vertreter oder einer Institution der besatzungsrechtlichen Provisorien *BRD* und *DDR* möglich gewesen, über *Deutschland* als Ganzes zu entscheiden. Das bedeutet, dass eine Abtrennung oder Abtretung von Teilen des Deutschen Reichsgebietes z.B. an Frankreich, Polen und Russland durch Vertreter der Institution *„Bundesrepublik Deutschland"* unmöglich, da rechtswidrig und somit von Anfang an ungültig war.
Die entsprechenden Gebiete gehören weiterhin zum Staat *„Deutsches Reich"* und werden bei Erlangung der vollen Souveränität diesem nach internationalem Völkerrecht

wieder zurückgegeben werden.

11. Der *„Einigungsvertrag"* zwischen zwei Teilen von Deutschland ist sowohl völkerrechtlich als auch staats- und verfassungsrechtlich ungültig. Das Sozialgericht Berlin hat im Urteil einer *Negationsklage* vom **19.05.1992** (AZ S 56 Ar 239/92) festgestellt, dass der sog. „Einigungsvertrag" vom **31.08.1990** (BGBl.1990, Teil II, Seite 890) ungültig ist, da man nicht zu etwas beitreten kann, was bereits am **17.07.1990** aufgelöst worden ist.

Art.1 des sog. *„Einigungsvertrages"* besagt, dass die Länder Brandenburg, Mecklenburg- Vorpommern, Sachsen, Sachsen-Anhalt und Thüringen gemäß ***Artikel 23*** des „Grundgesetzes" am **03.10.1990** Länder der *„Bundesre-publik Deutschland"* werden.

Da der *Artikel 23* jedoch bereits am **17.07.1990** aufgehoben wurde, konnte ein rechtswirksamer Beitritt der ehemaligen DDR zu diesem Zeitpunkt nicht mehr erfolgen. Somit konnte auch kein Bürger der ehemaligen DDR dem <u>territorialen Geltungsbereich</u> des Grundgesetzes beitreten. Die Protokollerklärung zum „Einigungsvertrag", die in den veröffentlichten Ausgaben meist fehlt, macht deutlich, dass sich die Vertragspartner sowohl der Fortgeltung alliierten Rechtes als auch der weiterhin ausstehenden Einheit von Deutschland als Ganzem bewusst waren:

"Beide Seiten sind sich einig, dass die Festlegung des Vertrags unbeschadet der zum Zeitpunkt der Unterzeichnung noch bestehenden Rechte und Verantwortlichkeiten der „Vier Mächte" in Bezug auf Berlin und Deutschland als Ganzes, sowie der noch ausstehenden Ergebnisse der Gespräche über die äußeren Aspekte der

Herstellung der Deutschen Einheit getroffen werden."

Alle seit dem *18.07.1990* von der erloschenen „*Bundesrepublik Deutschland*" und deren Vertretern geschlossenen Verträge mit anderen Ländern und internationalen Organisationen sind **rechtsungültig**. Sie sind daher weder für Bürger der nicht mehr existenten „*Bundesrepublik Deutschland*", noch für Bürger des Staates „*Deutsches Reich*", noch für die jeweiligen Vertragspartner bindend.
Dies begründet auch in der EU die derzeitige Situation für die Vertragspartner Deutschlands.

12. Grundstückverkäufe im Gebiet von Gesamtdeutschland nach dem *18.07.1990* sind ungültig. Gemäß der Alliierten Kommandantura Berlin [BK/O (47) 50] vom *21.02.1947* sind Grundbuchänderungen nur mit Zustimmung der alliierten Behörden möglich. Damit sind schon aus diesem Grunde alle Grundstücksverkäufe in Gesamtdeutschland nach diesem Datum nichtig.
Dies gilt umso mehr nach der Auflösung des besatzungsrechtlichen Mittels "*Bundesrepublik Deutschland*" (ab dem *18.07.1990*).

13. Mit dem Erlöschen des territorialen Geltungsbereichs der „*Bundesrepublik Deutschland*" ist auch die Institution "Deutsche Bundesbank" und die Finanzhoheit der *Bundesrepublik Deutschland* erloschen. Daher muss jede Gruppe natürlicher oder juristischer Personen in Deutschland für ihre Geschäfte die von den Alliierten nach dem Krieg eingesetzte Währung *Deutsche Mark* (DM) oder US ($) im Wechselkurs 2:1 verwenden (vgl. der Militärregierung Deutschland Gesetz Nr.61: „*Erstes Gesetz zur Neuordnung des Geldwesens*" in Verbindung mit dem *Gesetz Nr. 67*: *Ausstattung der Gebietskörperschaft Groß-Berlin mit Geld.*

Darüber hinaus hätte **kein Deutscher** mehr die Verpflichtung, vermeintliche Schulden oder die dafür **erhobenen Zinsen zurückzubezahlen**, welche die nicht mehr existierende *„Bundesrepublik Deutschland"* bei welcher Bank auch immer aufgenommen hat.

14. Der Staatsbesitz des *„Deutschen Reiches"* ist nach wie vor Eigentum des *„Deutschen Reiches"* und muss nach einem Friedensvertrag zurückgegeben werden.
Der Staatsbesitz des *Deutschen Reiches* wurde bei Kriegsende von den Siegermächten als **„Sondervermögen Deutsches Reich"** beschlagnahmt. Treuhändischer Besitzer ist bis zum Abschluss eines Friedensvertrages mit dem *„Deutschen Reich"* die U.S.A. - Erst nach Abschluss eines **Friedensvertrages** werden die beschlagnahmten Güter dem Staat *„Deutsches Reich"* wieder gehören.

Die von der nicht mehr existierenden Regierung der *„Bundesrepublik Deutschland"* seit ihrem Untergang am *18.07.1990* durchgeführte Veräußerung von Teilen dieses Staatsbesitzes des Staates *„Deutsches Reich"* (Dazu gehören z.B. die Deutsche Post, Telekom und deren Grundstücke, die Deutsche Reichsbahn und deren Grundstücke) war damit rechtswidrig und von Anfang an ungültig.
Daher müssen all diese Geschäfte rückgängig gemacht werden!

15. Die *Behörden* der untergegangenen *„Bundesrepublik Deutschland"* besitzen **keine Hoheitsrechte** mehr; ihre Akte sind nicht rechtswirksam. Es ist den Behörden der untergegangenen *"Bundesrepublik Deutschland"* seit dem *18.07.1990* nicht mehr möglich, rechtswirksam Schreiben mit **hoheitlichem** Inhalt (Bescheide u. ä.) zuzustellen.
Es bedarf einer <u>Amtsperson</u>, um Briefe mit hoheitlichem

Charakter zuzustellen. Derzeitig haben die Behörden, Gerichte usw. der *„Bundesrepublik Deutschland"* nur die Möglichkeit, sich der privatisierten Deutschen Post AG bzw. anderer privater Zustelldienste zu bedienen.
Da auch Richter und Gerichtsvollzieher gar keine Amtspersonen sind, ist es den Behörden der *„Bundesrepublik Deutschland"* auch unmöglich, über diesen Weg rechtswirksam Briefe zuzustellen!

Zudem haben Behörden der *„Bundesrepublik Deutschland"* grundsätzlich **_keine_** Befugnis, Bürgern des Staates *„Deutsches Reich"* Briefe zuzustellen, da diese Bürger diesen Behörden exterritorial (vgl. als Bürger eines anderen Staates) gegenüberstehen. (gemäß § 20 GVG, § 3 Freiwilligen Gerichtsbarkeits-Gesetz, Artikel 50 EBGB, § 11 StPO und § 15 ZPO).

Ebenso wenig wie die *„Bundesrepublik Deutschland"* der Botschaft eines anderen Landes aufgrund deren Exterritorialität hoheitliche Briefe rechtswirksam zustellen kann, kann sie dies für Bürger des Staates *„Deutsches Reich"*. Bürger des Staates *Deutsches Reich* stehen der *"Bundesrepublik Deutschland"* exterritorial gegenüber.
Das heißt, sie unterstehen:

- ***bürgerrechtlich*** (gemäß Artikel 50, Satz 1 EGBGB vom 29.11.1952 [BGBl. I S.780, ber. S. 843])

- ***allgemein-*** und ***verwaltungsrechtlich*** (gemäß § 3, Abs. 1 FGG vom 12.09.1950 [BGBl. S.455])

- ***strafprozessrechtlich*** (gemäß § 11, Abs.1, Satz 1, StPO vom 07.04.1987 [BGBl. I, S. 1074, ber. S 1319])

- ***zivilprozessrechtlich*** (gemäß § 15, Abs. 1, Satz 1, ZPO vom 12.091950 [BGBl. I, S. 533])

- *gerichtsverfassungsrechtlich* (gemäß § 71, Abs. 2, Satz 1 und gemäß § 20, Abs. 1, GVG vom 09.05.1975 [BGBl. I, S. 1077]) nicht den Behörden und der Gerichtsbarkeit der *de jure* erloschenen und nicht mehr existenten *„Bundesrepublik Deutschland"*.

Alle sog. "Beamte" und Vertreter der *„Bundesrepublik Deutschland"* begehen Landes- bzw. Hochverrat gegenüber dem Deutschen Volk. ***Die Regierungsvertreter der „Bundesrepublik Deutschland" wurden hierüber im Jahre 1990 von den Siegermächten in Kenntnis gesetzt*** und angewiesen, alle untergeordneten Behörden ebenfalls zu informieren. Zusätzlich wurden auch alle Verwaltungsbehörden von Städten und Gemeinden der *„Bundesrepublik Deutschland"* mit mehr als ***40.000 Einwohnern*** direkt über diesen Sachverhalt aufgeklärt und darauf hingewiesen, dass das Leugnen dieser Tatsachen und das weitere Festhalten an dem „Alleinvertretungsanspruch" der *„Bundesrepublik Deutschland"* als vermeintliche Rechtsnachfolgerin des Staates *„Deutsches Reich"* den Tatbestand des ***Landes- bzw. Hochverrats*** erfüllt. -Na, wenn sich das durchsetzt, dann sind die Gefängnisse voll!

16. Jeder Verwaltungsakt, der von den Behörden der seit dem ***18.07.1990*** erloschenen *„Bundesrepublik Deutschland"* an den Bürgern des Staates *„Deutsches Reich"* und deren Eigentum durchgeführt worden ist, ist ein rechtswidriger Übergriff bzw. eine *Souveränitätsverletzung* und daher **_schadenseratzpflichtig_**.

Dieser Schadensersatz ist von den Personen zu leisten, die die Anordnung für einen Bescheid o. ä. unterschrieben haben, denn die sog. Amtspersonen der *„Bundesrepublik Deutschland"* sind seit dem ***17.07.1990*** keine Amtspersonen mehr. Sie sind lediglich als Privatpersonen zu betrachten, welche sich anmaßen, ohne von der rechtmäßigen Regierung des Staates legitimiert worden zu sein, Bescheide und ähnliche Maßnahmen gegen Bürger des Staates *„Deutsches Reich"* durchzusetzen. Dafür haften sie, - nicht das Amt hinter dem sie sich verstecken, - mit ihrem vollen Vermögen!

Diese Privatpersonen, die sich als Amtspersonen ausgeben, ohne definitiv solche zu sein, können beim **Department of Justice in den U.S.A.** wegen terroristischer Handlungen gegen die Interessen der USA angezeigt werden.

Alle seit dem **18.07.1990** von den Behörden der *„Bundesrepublik Deutschland"* eingeforderten Geld-, Sachwert- oder Dienstleistungen sind rechtswidrig erhoben worden und stellen eine ungerechtfertigte Bereicherung der Personen dar, welche diese Leistungen verlangt haben.

Jeder Deutsche hat das Recht und die Pflicht, diese erbrachten Leistungen zurückzufordern und weiteren Verstößen durch Verweigerung bis zur Klärung der Rechtslage vorzubeugen!

17. Als Vertreter für die Rechtsordnung des *„Deutschen Reiches"* setzt die Kommissarische Reichsregierung *„reichsrechtliche Rechtssachverständige"* ein. Da es zur Zeit keine zugelassenen Rechtsanwälte und Notare für die Rechtsordnung des *„Deutschen Reiches"* gibt, werden ***„reichsrechtliche Rechtssachverständige"*** und für das Gebiet des Reichslandes Preußen auch ***„reichsrechtliche Rechtskonsulenten"*** ausgebildet. Diese ausgesuchten Personen sind die zur Zeit einzigen zur Rechtsordnung des Staates *„Deutsches Reich"* von den USA und der Kommissarischen Regierung des Staates "Deutsches Reich" genehmigten und zugelassenen rechtskundigen Personen.

18. Alle Personen, die im *1944* beschlagnahmten Gebiet von Deutschland geboren sind, sind Deutsche.
Deutschland umfasst nach Völkerrecht nach wie vor das gesamte Gebiet des *„Deutschen Reichs"* in den Reichsgrenzen vom *31.12.1937*, wie sie im SHAEF-Gesetz Nr. 52 (Artikel VII Nr. 9, Abschnitt c in Verbindung mit dem 1. Londoner Protokoll vom *12.9.1944*) festgelegt wurden.

Alle innerhalb dieser Grenzen geborenen Personen sind gemäß des Reichs- und Staatsangehörigkeitsgesetzes vom *22.07.1913* - und sogar nach *Artikel 116* des „Grundgesetztes für die *Bundesrepublik Deutschland"* - Deutsche und somit Bürger des Staates *„Deutsches Reich"* (*n. Stag*).
Die Berliner in Ost und West sind und waren durchgehend seit dem *11.08.1919* immer Bürger des Staates *„Deutsches Reich"*, auch aufgrund des Vier-Mächte-Sonderstatus der Reichs-Hauptstadt Berlin.

19. Jeder Deutsche hat das Recht, Personalpapiere des *„Deutschen Reiches"* zu besitzen. Da alle in den Grenzen des Staates *„Deutsches Reich"* im Gebietsstand vom *31.12.1937* geborenen Personen Staatsbürger des Staates *„Deutsches Reich"* sind, sind sie somit auch berechtigt, Personalpapiere des Staates *„Deutsches Reich"* ohne Schwierigkeiten, rechtliche Konsequenzen oder Repressalien von Seiten der Behörden und Institutionen der erloschenen *„Bundesrepublik Deutschland"* befürchten zu müssen, zu besitzen.
Das wurde von der Staatsanwaltschaft, Polizei und Gerichten bestätigt.

20. Nach wie vor planen die Alliierten, den Staat *„Deutsches Reich"* zu einem von ihnen zu bestimmenden

Datum zurückzugeben. Auf der „Drei-Mächte-Konferenz zu Berlin" (fälschlich *„Potsdamer Abkommen"* genannt) am *02.08.1945* fassten die Alliierten den Entschluss, den Staat *„Deutsches Reich"* nach einer Besatzungszeit und nach der Schließung eines Friedensvertrages zu einem von den Alliierten zu bestimmenden Datum als souveränen Staat in den Grenzen vom *31.12.1937* wiederherzustellen (siehe *SHAEF Gesetz Nr. 52, Artikel VII Nr.9, Abschnitt c*).
Daran hat sich bis heute nichts geändert.

21. Nach geltendem Völkerrecht müssen die Alliierten Deutschland nach spätestens 60 Jahren zurückgeben.
In der *„Haager Landkriegsordnung"* ist festgelegt, dass die Besetzung eines Landes maximal 60 Jahre dauern darf. Innerhalb dieser Zeit ist die Siegermacht verpflichtet, einen Friedensvertrag abzuschließen oder den Kriegszustand wiederherzustellen. Andernfalls macht sie sich völkerrechtlich schuldig. Je nachdem, ob man die Alliierte Gesetzgebung, die bereits 1944 erlassen wurde, oder die Kapitulation der deutschen Wehrmacht zugrunde legt, bewegten sich mögliche Termine für die Rückgabe zwischen *Februar 2004* und *Mai 2005*.

Da die 60 Jahre Besatzungszeit seit 2005 verstrichen sind, hätte es eigentlich schon lange zu einem Friedensvertrag mit der Rückgabe der Souveränität kommen müssen.
Alles was wir aber haben ist ein riesen Durcheinander, das aus der Lüge oder falschen Auslegung der 2 + 4 Verträge entstand, denen man einen Friedensvertrag mit Rückgabe der Souveränität zugebilligt hat. Die Menschen haben den Köder geschluckt und fühlen sich jetzt frei. – Nach der Pharse hat man das alles dann ein paar Tage später, am *25.9.1990* in Berlin mit dem *Übereinkommen zur Regelung bestimmter Fragen in Bezug auf Berlin* wieder gestrichen! – Geschickt getäuscht stimmen wir wieder einmal scheinbar

aus freien Stücken nun der weiteren Besatzung zu und unterwerfen uns deren Gesetzen und Besatzungsauflagen!

Wie aber sehr schön dargestellt geht aus den Gesetzen eindeutig hervor, dass die Behörden vorsätzlich schuldhaft und strafbewährt vorgehen, weswegen ich allen empfehle, eine *„Schwarze Liste"* zu führen, mit allen Möchtegern-Beamten, um sie zu einem späteren Zeitpunkt zu verklagen. Ihr müsst euch anstrengen, dass ihr zumindest Vor- und Nachnamen der *Beamten* in Erfahrung bringt.
Die wissen das sehr genau, dass sie sich widerrechtlich verhalten und Unterschreiben z.B. nur noch mit Nachnamen. Bestimmte Behörden sprerren die Bürger vom Parteiverkehr aus, so dass man die Beamten noch nicht einmal zu Gesicht bekommt. Jeder Terrorist, der zu dem steht was er tut, ist ethisch hochwertiger als das feige Beamtenpack, das sich willenlos dem Terror-Regime unterstellt, das es ohne ihm gar nicht gäbe! – All die Schweinerein, die nur ein paar wenige sich ausdenken, können nur deshalb gegen Mensch und Natur zur Wirkung kommen, weil es Beamte gibt, die *ohne eigene Ermessens-freiheit* einfach ALLES tun, was man ihnen sagt!– Das sind die wahren Feinde der Freiheit und der Menschen, denn sie sind es, die jeden Tag daran mitarbeiten,
das Sklavensystem aufrecht zu erhalten, die Wahrheit zu unterdrücken und die Menschen auszubeuten!
Das ist jetzt kein emotionaler Ausbruch, sondern ein trauriges Resumè nach über 20 Jahren Amts-Terror!

Tja, und was die USA betrifft, so ist es ja schön, dass Willenserklärungen zur Ratifizierung eines Friedensvertrages verlautbart wurden, - doch glaubt tatsächlich ein halbwegs denkender Mensch, dass die ihre Sklaven vom Haken lassen? –

All diese Gesetze, sowie alle anderen, welche die unwissende und unfreiwillige Person zur Durchsetzung ihrer Rechte in Anspruch nehmen könnte, sind aber leider nicht dazu geeignet, um im Falle eines Falles auch Gerechtigkeit oder Rechtmäßigkeit zu erfahren! – Da wird seit 1990 Recht durchgesetzt, ohne Geltungsbereich (GG Art. 27), doch jeder macht mit! - Auch in der Straßenverkehrsordnung (StVO) ist der Geltungbereich weggefallen! – Man möge einmal den öffentlich zugänglichen Gesetzestext zur StVO lesen und seinen Fokus auf die 2015 neu erlassene StVO richten. Dabei wird auffallen, dass man dort keinen Geltungsbereich findet (vgl. hierzu die StVO Österreich § 1)! – All dies sind deutliche Hinweise, dass wir vorsätzlich an der Nase herumgeführt werden. Diejenigen, welche die Gesetze erlassen, machen dies nicht nur gesetzeswidrig sondern auch zum Schaden der *zwangspersofinizierten Menschen*, z.B. mit all den Verordnungen (Herstellungsvorschriften), die es erlauben, ja sogar verlangen, dass Gifte in unsere „Daseinsgüter", Boden, Wasser und Luft eingebracht werden. - Täglich baden wir gesetzlich legal darin und pflegen uns mit Giften (z.B. Parabene, Fluor), essen Gifte (z.B. Glyphosat, Quecksilber, Aspartam, ...) und versuchen uns mit Giften zu heilen (Arzneimittel) oder lassen es zu, mit hoch toxischen Substanzen geheilt zu werden (z.B. Amalgam, Chemo, Impfungen). NEIN – die Gesetze dienen nur denjenigen, die uns ausnutzen wollen und so gibt es nur eine Möglichkeit, nämlich sein Wohlergehen in seiner Selbstbestimmung zu finden.

Römische Weltherrscher!

Wenn wir heute von der Kirche sprechen, dann scheint uns das eher ein landläufiges Thema zu sein. Für viele ist sie nicht mehr das Zentrum der Glaubenstreue. So neigt man leicht dazu, sie zu *entwerten*, - als beiläufige Institution zu sehen, von der man nicht vermutet, dass sie ein Dreh- und Angelpunkt des weltlichen Machtgefüges ist! – Und das ist sie.

Warum wohl wurden und werden Glaubenskriege geführt, die zu immer mehr Macht und Reichtum der Kirche führten? – Warum ist die Kirche der weitweit größte Landbesitzer, wobei Gold und Wertpapiere, die Kirche im Vatikan Staat zum reichsten Unternehmen der Welt macht?

Dieser Frage ist ein Kompetenz-Team vom **Deutschen Heimat Bund** nachgegangen, das vor allem die Wirkung der kirchlichen Mächte auf das Finanzsystem einsehen wollte. *Karen Hudes*, eine führende Juristin der Weltbank hat den Fluss des Geldes verfolgt und war sehr erstaunt über ihr Ergebnis. Es zeigte sich, dass sämtliche gezahlten Zinsen und Steuern von der Weltbank an die **Bank of England** flossen. **60%** der eingehenden Gelder wurden an den Vatikan überwiesen, **40%** verblieben bei der **Bank of England**! – So etwas nennt man Neo-Feudalismus, da es immer noch der Adel und die Kirche sind, welche die Früchte der **Leibeigenen** unter sich aufteilen!

Adel und Kirche streben die Weltherrschaft an und so haben sie in einen Vertrag die Aufteilung der Einnahmen vereinbart, aber auch, dass die Staaten, - sollten die Menschen erwachen, - zu Unternehmen umgebaut werden. Im **UCC Handelsvertrag-Kooperationsvertrag** befinden sich auch die USA sowie alle weiteren Staaten.

Im *Artikel 18 b 7* des *Admiralseerecht* kann man entnehmen, wo es überall zur Anwendung kommt:

*Auf Hoher See, amerikanischen Schiffen und allen Ländern, die von den USA verwaltet werden. Das **Seerecht** ist die Grundlage für genau das Handelsrecht, auf dem unsere Gesellschaftssysteme fußen!*

Noch weiter zurück in der Geschichte treffen wir auf noch tiefere Wurzeln, aus denen das heutige Geschwür der *Weltenherrscher* hervorgegangen ist.

Im *Jahr 1302* erließ *Papst Bonifacius VIII.* die sog. *Bulle*[24] *Unam Sanctum*! - Darin, ebenfalls durch Selbstermächtigung, erhebt sich der *Heilige Stuhl* zum alleinigen Herrscher der Welt in dem er verfügte: ***Alle Lebewesen des Planeten sind dem Papst unterworfen!***

Papst Nikolaus V erließ im *Jahr 1455*, zum Ausbau und zur Manifestation der päpstlichen Weltherrschaft, die **Bulle Romanus Pontifex** in der es nun hieß: ***Jedes neugeborene Kind wird vom Recht auf Eigentum getrennt!***

Die arbeitswütigen Päpste waren noch nicht fertig! –
Im *Jahr 1481* erließ *Papst Sixtus IV* zum *„ewigen Besitz des Herrschenden"* die **Bulle Aeterni Regis**, durch welche das ***Kind dem Recht auf seinen Körper beraubt wird***!

Damit hat für den *„freien"* Menschen mit seiner Geburt die Leibeigenschaft begonnen und sie ist nach wie vor existent nur nicht mehr erkannt, weil man Konsum mit Freiheit verwechselt!

---

[24] **Päpstliche Bulle** oder kurz **Bulle** ist die Bezeichnung für Urkunden, die wichtige Rechtsakte des Papstes verkünden. Sie wurden in der päpstlichen Kanzlei in feierlicher Form ausgefertigt und besiegelt. Kennzeichnend ist der Ersatz der Salutatio durch die Formel *ad perpetuam rei memoriam* („zum immerwährenden Gedächtnis der Sache").

Mit dem Körper aber war die Kirche immer noch nicht zufrieden und so wurde die ***Dritte Krone*** als Einberufungsbulle im ***Jahr 1537*** vom ***Papst Paul III.*** besiegelt, in welcher die Kirche ***Anspruch auf die Seele des Kindes erhebt!***

Der Vatikan ist also immer noch Symbol für die Politik und Macht der katholischen Kirche.
Seit rund 2000 Jahren nimmt sie entscheidenden Einfluss auf das Leben von *Milliarden* von Menschen auf der ganzen Erde. Die Kirche war es auch, die damit begann, die Menschen systematisch zu knechten.

Der Naturforscher **Viktor Schauberger** beschrieb die restriktive Glaubens-Versklavung in einem seiner Aufsätze wie folgt:

»Diese die Todesfurcht verstärkenden Androhungen (seitens der Kirche, die Bestrafung nach dem Tode betreffend) bekommen eine ganz andere Bedeutung, wenn man sie – uralten Überlieferungen entsprechend – als Mittel zum Zweck betrachtet, sogenannte ›Wilde‹, jedenfalls Freiheitsliebende, zivilisieren und zugleich ins harte Arbeitsjoch zwingen zu können. Das Letztere dadurch, dass man ihnen naturwidrige Arbeitsarten lehrt, wodurch sie sich ihr täglich notwendiges Brot umso mehr verdienen, als sie, durch die dadurch auflebende Not gezwungen, zum Arbeitsfleiß gezwungen werden.«

Nachfolgend heißt es im gleichen *vierten Aufsatz*:

»Es muss allerdings zugegeben werden, dass das einst zu lösende Doppelproblem, muskelstarke Geistesarme ins Arbeitsjoch zu spannen, vorübergehend geradezu genial gelöst wurde. – Dadurch dass man durch eine verkehrte Bewegungslehre den Qualitätsstoffaufbau unterband und so

indirekt eine Art geistige Kastration infolge zunehmender Massen bei dadurch zunehmendem Mangel an Geistesstoffprodukten, also Massenvertrottelung, entstand.«

Was sich mehr als 1800 Jahre bewährt hat, wird nun auf der politischen Ebene, z.B. über das **Codex-Alimentarius** weitergeführt, - so, wie es die Kirche einst insziniert hat! Aus der Geschichte ist diese Macht nicht wegzudenken, aus der Gegenwart erst recht nicht. Der Vatikan ist Keimzelle größter humanitärer Unternehmungen der Menschheit.
Und er ist eine der mächtigsten Finanzmächte dieser Welt. Es ist kein Geheimnis: ***die Vatikan-Bank gehört seit 1823 den Rothschild's!***

Aktuell geht es um den Papst Erlass vom ***11.7.2013*** mit immensen Auswirkungen, weswegen er offensichtlich von der *Lügenpresse* ignoriert wurde und wird!

Ein **Motu proprio** (auch *Motuproprio*, Pl. *Motuproprios*; von lat. **motu proprio** *„aus eigenem Beweggrund* veranlasst") ist ein **Apostolisches** Schreiben des Papstes der katholischen Kirche, das ohne förmliches Ansuchen anderer ergangen ist und vom Papst persönlich und nicht von einem seiner Kardinäle, Amtsorganen oder anderen Beratern entschieden wurde! – Das passiert nicht oft und wenn es passiert, dann muss es schon etwas sehr wichtiges sein! - Meist handelt es sich dabei um die Bekanntgabe kirchenrechtlicher oder administrativer Entscheidungen, geringe Änderungen des *kanonischen Rechts*[25] oder die Gewährung von Privilegien an Personen oder Institutionen. Normalerweise ist ein **Motu proprio** ein Dekret, das

---

[25] Das **kanonische Recht** ist das Kirchenrecht der römisch-katholischen Kirche des lateinischen Ritus sowie der katholischen Ostkirchen. Es regelt die internen Angelegenheiten der kirchlichen Gemeinschaft und sieht für viele ***Bereiche eine eigene Gerichtsbarkeit*** vor. Sein Name leitet sich von griechisch/lateinisch *canon* (‚Richtschnur') ab, weil die einzelnen Normkomplexe im Codex des kanonischen Rechtes als *Canones* bezeichnet werden.

nicht mit Siegel versehen ist (vgl. Päpstliche Bulle) und nicht gegengezeichnet wurde.

Das erste in der Form eines *Motu proprio* verfasste *Apostolische Schreiben* wurde von *Papst Innozenz VIII.* im **Jahr 1484** veröffentlicht[26].

Das *Motu proprio* beginnt mit der Darstellung des Grundes, aus dem es verfasst worden ist. Es folgt die Beschreibung der Gesetzesänderung oder der Privilegiengewährung.

Das Dokument wird vom Papst mit Datum und seinem Namen in Latein persönlich unterschrieben. Anschließend wird der Text veröffentlicht. Es ist selbst dann gültig, wenn es dem bis dato geltenden Kirchenrecht oder früheren päpstlichen Entscheidungen nicht entspricht!

Der Erlass betrifft **alle** unter der ***römischen Kurie*** gegründeten ***Entitäten*** – Das ist die Mehrheit aller Staaten dieser Welt – insbesondere aber auch die USA.

Auch betrifft es den ICC/CPI (Internationaler Strafgerichtshof) – der auf der Basis des *Römischen Rechts* gegründet wurde und erst vor kurzem mit seiner neuen Chefanklägerin in die zweite Strafgerichtsperiode für Kriegsverbrechen eingetreten ist. Mit dem erlassenen *Moto proprio* wurde die

Aufhebung der Immunität aller *Richter,*
Aufhebung der Immunität aller *Staatsanwälte,*
Aufhebung der Immunität aller *Rechtsanwälte* und die
Aufhebung der Immunität aller *Regierungsbeamten*
beschlossen!

Immunität fürs <u>Strafrecht</u> schützt also ab *1.9.2013* diese Personengruppen NICHT MEHR – einzig ihre Integrität,

---

[26] Quelle: http://lupocattivoblog.com/2013/08/09/papst-erlass-wird-immer-noch-von-den-medien-ignoriert/

Liebe zur Wahrheitsfindung und Gerechtigkeit, bewahrt diese Personengruppen vor Anklage und Verfolgung!
Der Erlass des *Papstes Franziskus*, der erst das erste Jahr im Amt ist, wird vehement von den Medien ignoriert!

Ein Zeichen der Brisanz sind die angekündigten Rücktritte per *1.9.2013* z.B. von ...

Federal Reserve Chef, **Ben Bernanke** verkündete seinen Rücktritt per 1. 9. 2013, der eigentlich am 1.1.2014 angekündigt war .

Ein weiterer *Federal Reserve Gouverneure*, **Elizabeth A. Duke** tritt zurück per *1. 9. 2013*.

Janet Napolitano vom Homeland Security tritt zurück per *1. 9. 2013*.

Wahrscheinlich würde man in entsprechenden Kremien noch eine ganze Menge Austritte mehr zum gleichen Beweggrund finden, wenn man danach suchen würde!
Im Nachfolgenden veröffentliche ich den originalen Wortlaut des Schreibens des päpstlichen *Motu proprio*:

APOSTOLISCHES SCHREIBEN
IN FORM EINES «MOTU PROPRIO»

SEINER HEILIGKEIT
PAPST FRANZISKUS

ÜBER DIE GERICHTSBARKEIT DER RECHTSORGANE DES STAATES DER VATIKANSTADT IM BEREICH DES STRAFRECHTS

In der heutigen Zeit ist das Gemeinwohl zunehmend durch staatenübergreifende und organisierte Verbrechen bedroht, ebenso durch die unangemessene Handhabung des Marktes und der Wirtschaft, sowie durch den Terrorismus.

Es ist daher notwendig, dass die internationale Gemeinschaft angemessene rechtliche Instrumente, zur Verhinderung und Bekämpfung von Straftaten, durch die Förderung der internationalen, justiziellen Zusammenarbeit in Strafsachen, einrichten.

Bei der Ratifizierung zahlreicher internationaler Übereinkommen in diesen Bereichen, hat der Heilige Stuhl, auch im Namen und Auftrag des Staates der Vatikanstadt gehandelt, sowie stets betont, dass diese Vereinbarungen Mittel zur effektiven Bekämpfung und Verhinderung der kriminellen Aktivitäten sind, welche die Menschenwürde, das Gemeinwohl und den Frieden bedrohen.

Im Hinblick auf die Erneuerung des **Apostolischen** Stuhls und diesen, um eine solche Zusammenarbeit zu stärken, ordne ich durch das vorliegende Apostolische Schreiben in Form eines »Motu Proprio« an:

1. Die zuständigen Justizbehörden des Staates der Vatikanstadt üben Strafgerichtsbarkeit auch über:

a) Verbrechen gegen die Sicherheit, welche gegen die grundlegenden Interessen oder das Erbe des Heiligen Stuhls gerichtet sind;

b) Straftaten, im Bezug auf:
- Das Gesetz des Staates der Vatikanstadt Nr. VIII, vom 11. Juli 2013, mit ergänzenden Normen in Strafsachen;
- Das Gesetz des Staates der Vatikanstadt Nr. IX vom 11. Juli 2013, enthaltenden Änderungen des Strafgesetzbuches und der Strafprozessordnung;

so solche Verbrechen, von in Absatz 3 (unten) genannten Personen, bei der Ausübung ihrer Aufgabenpflicht verübt werden;

c) jede andere Straftat, deren Bekämpfung von einem internationalen Abkommen verlangt wird, das vom Heiligen Stuhl unterzeichnet wurde, wenn der Täter sich im Staat der Vatikanstadt befindet und nicht ins Ausland ausgeliefert wurde.

2. *Die unter Punkt 1 erwähnten Straftaten werden nach der Gesetzgebung abgeurteilt, die zu der Zeit, in der sie verübt wurden, im Staat der Vatikanstadt gültig war, vorbehaltlich der allgemeinen Prinzipien der Rechtsordnung in Bezug auf die zeitliche Anwendung der Strafgesetze.*

3. *Im Rahmen des Vatikanischen Strafgesetzes werden den* ***»öffentlichen Amtsträgern«*** *gleichgestellt:*

a) die Mitglieder, Beamten und Mitarbeiter der verschiedenen Einrichtungen der Römischen Kurie sowie der mit ihr verbundenen Institutionen;

b) die Päpstlichen Gesandten und die diplomatischen Mitarbeiter des Heiligen Stuhls;

c) Personen, die vertretende, verwaltende oder leitende Funktionen bekleiden, sowie jene, die – auch »de facto« – unmittelbar vom Heiligen Stuhl abhängige Körperschaften verwalten und kontrollieren und die im Verzeichnis der kirchlichen Rechtspersonen eingetragen sind, das im Gouvernatorat des Staates der Vatikanstadt geführt wird;

d) jede weitere Person, die einen administrativen oder juristischen Auftrag am Heiligen Stuhl besitzt, sei es ständig oder vorübergehend, entlohnt oder unentgeltlich, auf jedweder Ebene der Hierarchie.

4. Die unter Punkt 1 erwähnte Gerichtsbarkeit schließt auch die administrative Verantwortung der Rechtspersonen ein, die sich aus einer Straftat herleitet, wie es von den Gesetzen des Staates der Vatikanstadt geregelt wird.

5. Falls in anderen Staaten in derselben Sache vorgegangen wird, kommen die im Staat der Vatikanstadt gültigen Normen über die konkurrierende Gerichtsbarkeit zur Anwendung.

6. Art. 23 des Gesetzes Nr. CXIX vom 21. November 1987, durch das die Gerichtsordnung des Staates der Vatikanstadt verabschiedet wurde, bleibt weiterhin gültig.

*Dies beschließe und bestimme ich ungeachtet jeder anderen gegenteiligen Anordnung. Ich bestimme, dass das vorliegende Apostolische Schreiben in Form eines »Motu Proprio« durch die Veröffentlichung im Osservatore Romano promulgiert werde und am **1. September 2013** in Kraft trete.*

*Gegeben zu Rom, aus dem Apostolischen Palast, am **11. Juli 2013**, im ersten Jahr meines Pontifikats[27].*

FRANCISCUS

Kann man ersinnen, welches revolutionäre Ausmaß dieses der Öffentlichkeit vorenthaltene Schreiben in sich birgt?
Für ALLE, die aus dem Personenstatus ausgestiegen und wieder MENSCH oder Bürger sind bedeutet das, dass jeder Amtsakt ihnen gegenüber unter den Vollzug des päpstli-

---

[27] http://w2.vatican.va/content/francesco/de/motu_proprio/documents/papa-francesco-motu-proprio_20130711_organi-giudiziari.html

chen *Motu Proprio* fällt! Warum? – Jeder Amtsakt setzt voraus, dass die ausführende Person eine Amtsperson mit Hoheitsrechten ist, was unsere *Möchtegern-Beamten* aber nicht sind.
Im Gegensatz dazu sind sie eine private Werksverwaltung und haben *Ordnungsgewalt* über die Abläufe innerhalb der *Firma,* ohne aber völkerrechtliche Bezüge zu haben!

Legt also den „*Beamten*" dieses päpstliche Schreiben vor, - verweist sie auf den Link zur Vatikan Dokumentesammlung, das erleichtert ihnen die Suche und dann lasst sie belegen, dass sie berechtigt sind, *hoheitlich* gegen eure Intressen zu handeln.

Der päpstliche Erlass ist eine große Hilfe, gegen die *Behörden*-Willkür und der Weg über die Gerichtsbarkeit des Staates der Vatikanstadt ist eine weitere Option, sich Gerechtigkeit zu verschaffen. Ich denke, dass der Rechtsweg nicht die Lösung ist, denn egal wie weit man nach oben kommt, - es sind immer dieselben Gauner und Lügner die an den Hebeln der Macht sitzen, - ein Mensch mit Herz und Hirn wäre zu solchem Tun nicht fähig.

Insofern ist es viel wichtiger handfeste Argumentationen zu haben, um eine **legale Verweigerung** durchzusetzen.
Im Grunde sitzen wir alle im selben Boot und es wäre schön, wenn auch die *Beamten* sich an die Ruder setzen und mit rudern, anstatt permanent zu versuchen Löcher ins Boot zu bohren! –

Für alle die sich entscheiden wieder ein Mensch zu werden, wird es ein Kampf werden.
Es werden Muskeln angesprochen, die noch nie wirklich trainiert wurden und die daher noch nicht leistungsfähig und schwach sind, - geistige Muskeln wie z.B. Mut, Wille,

Durchsetzungsvermögen, Vergebung, Abgrenzung und bedingungslose Loyalität gegenüber der Schöpfung.

Es öffnet sich ein Zeitfenster, indem es möglich ist zu handeln und es ist dringend nötig. Wenn wir uns einmal die politischen Verhältnisse um uns herum ansehen, - eine Regierung, die gegen das Volk entscheidet, - die das Land einer Invasion öffnet, - innere Unruhen verschweigt und fördert, - die verhindert, dass Kapitalverbrechen geahndet werden, - die gegen nationale, europäische und internationale Gesetze verstößt, - für so eine Regierung habe ich ein passendes Zitat gefunden;

*Die an die Macht gekommene „Bewegung" konnte über das <u>Rechtssystem souverän</u> verfügen, und zwar sowohl über die Rechtsetzung selbst als auch über den „Rechtsapparat" zur Interpretation und <u>Vollziehung der Normen</u>. So wurden die verbrecherischen Absichten auf ausgeklügelte und differenzierte Weise, wie es gerade passte, umgesetzt: Einmal der offene und von einem gleichgeschalteten Staatsapparat nicht verfolgte Rechtsbruch, dann die explizit diskriminierende Rechtssetzung, schließlich die vor allem im <u>Privatrecht wirksame Uminterpretation des geltenden Rechts durch seine dogmatische Aushöhlung</u>. – **Prof. Jabloner.**[28]*

Jetzt wird es peinlich! – Er spricht in dem Zitat nicht über die Bunderegierung, die man darin 1:1 wieder findet!
Dieses Zitat bezieht sich auf die Nazi Politik und mit welchen „Rechtsmitteln" man Aufmüpfige zum Schweigen brachte, - die Basis des ganzen Elends, 2015 neu aufgelegt, - derselbe Mechanismus und am Ende dieselbe Wirkung! – Alles scheint sich zu wiederholen. Viele Menschen sind damals sehenden Auges in ihr Verderben gelaufen,

---

[28]*www.naturetv.de/Blog/nationalsozialistisches%20steuerrecht%202006_faber_meissel.pdf*

mit dem Unterschied, dass man ihnen damals Perspektiven auf eine hoffnungsvolle Zukunft verkaufte (Zuckerbrot) wohingegen man uns heute fanatische Islamisten ins Land einläd, bis es aus allen Nähten platzt (Peitsche).
Die Zeichen stehen auf Krieg und für jede Entscheidung unserer Politiker müssen wir, - das Volk, - oder das **Pack**, wie wir ja neuerdings genannt werden, den Kopf hinhalten! Ich lebe ein Leben lang ein eigenverantwortliches Leben und stehe ein für das was ich tue. Ich kann und will aber nicht für Verbrechen einstehen, welche andere in meinem Namen ausführen, was mich in eine unvereinbare Situation verbrachte, die sich nicht gut angefühlt hat. Ich bin kein Experte in Rechtsangelegenheiten und es war und ist für mich schwer, dieses Dickicht zu durchdringen.

Rechenschaft wirst Du ablegen, für all das, was du getan hast und für all das, was du <u>nicht</u> getan hast!

Diese Unvereinbarkeit ist nur deswegen entstanden, weil ich einfach mit dem gewohnten Denken keine neuen Wege erkennen konnte. Die ganzen Menschen, die sich aus dem System befreien wollen, - fast alle gehen eigene Wege, jeder kocht sein eigenes Süppchen und das *„Entweder-Oder-Denken"* ist noch extrem ausgeprägt. – Doch, ist es wirklich wichtig, mit welchen Mitteln man das gemeinsame Ergebnis erreicht? – Ich vermisse den Zusammenschluß *aller Menschen*, die sich aus dem Sklaven-System befreien wollen. – Das eint uns **ALLE**! – Egal wie jeder Fluchtplan auch aussehen möge; - wichtig ist, dass wir ihn alle zur gleichen Zeit umsetzen,- dann wird auch jeder Fluchtplan aufgehen! -

Alleine kann ich natürlich gar nichts ändern, aber ich kann etwas alleine probieren und daran arbeiten, bis es den gewünschten Erfolg bringt. In unserem Fall war das keine Single-Arbeit, sondern eine Gruppenarbeit, die versucht hat, etwas so komplexes wie den Ausstieg aus dem System sowie die Errichtung eines *hoheitlichen Raumes* innerhalb des Systems, in welchem der Mensch Schutz auf allen Ebenen findet. – Und das alles mit einfachen Mitteln!

Keiner braucht ein Rechtsexamen, nach dem Motto, nach 12 Jahren Rechtsstudium weiß ich, wie viel Mensch ich bin! Beim Aufbau dieser Neuordnung wird vermieden werden, **zentrale Strukturen** aufzubauen. – Wir streben Autarkie auf allen Ebenen an sowie eine dezentrale Selbstorganisation, wobei wir der Kybernetik der Natur folgen. –
Wie Zellen, teilen sich Gemeinschaften (Vereine), die mit der Fähigkeit zur Selbstorganisation expandieren und sich in Synergie vernetzen; - ein **Emergenz-Netzwerk** das nur das fördert, was den Menschen, den Tieren und der Natur dient. – Das ist eine Vision, die viele Menschen mit einander verbindet und ich hoffe aus tiefstem Herzen, dass jeder aktiv wird, um diese Vision mit Leben zu erfüllen!

Doch hierzu brauchen wir eine gemeinsame Plattform, die es ebenfalls schon gibt und auf der es nun gilt, sich zu verwurzeln, auszutauschen, zu organisieren und zu handeln. Vor allem aber braucht man Mut und den Willen zur Veränderung. Doch was kann es wichtigeres geben, als ein Lebensumfeld zu erschaffen, das die Freiheit bietet, die man für seine Entwicklung als Mensch benötigt?

ZUSAMMEN UND DOCH ALLEIN

Wie viele Menschen der Tage, war auch ich lange Zeit auf der Suche nach einem Weg, aus dem ganzen lebens- und menschenfeindlichen System auszusteigen. Ich will ein sinnvolles und erfülltes Leben führen; - ein Leben, das *Mutter Erde* in ihrer Vielfalt und Pracht erhält, unter Nutzung meiner individuellen Potenziale, welche dem Vorhandenem dienen sollen, um es schöner zu machen und es in seinen Potenzialen, zum Wohle aller, zu nutzen.
Die Zeit des Wandels ist **JETZT** da, denn je liebloser das Leben auf dem Planeten wird, desto mehr vermissen die Menschen das wärmende, wohlige und unbeschreibbare Gefühl von Geborgenheit, nachdem sich das Herz verzehrt.
Als Sklaven versucht man uns diese Sehnsucht durch materielle *Orgasmen* nach exzessivem *Konsum* zu befriedigen.
Gleichzeitig werden wir immer mehr von der Möglichkeit abgeschnitten, die bedingungslose und tiefgreifende Herzenserfahrung zu machen oder uns diese selbst zu geben! –

Man hat den Nährboden auf dem wir wachsen müssen vergiftet! – Um nun darauf wachsen zu können, benötigen wir, ebenso wie die Pflanzen, die man auf einen unfruchtbaren Boden aussetzt, chemische Stoffe, die ein naturwidriges Wachstum erlauben! –
Es gibt die *Spiegelgesetze*, die uns im Umfeld das Ergebnis unserer Resonanzschwingung vor Augen führen.
Der Mechanismus, wie wir mit Tieren, Pflanzen und unserer Natur umgehen, inkludiert auch uns selbst; - doch nur wenige können sich wirklich als „Stallkuh" erkennen.
Der *objektiven Zweckbetrachtung* folgend, ändert die Unwissenheit der *Stallkuh* aber nichts daran, dass sie deswegen frei wäre! – Sie ist unwissentlich gefangen, -

ihr Gehrin kann das zwar nicht begreifen, doch ihr Herz sagt ihr, dass es so ist, weil es in einer Gefangenschaft keine Glückseligkeit gibt! – Diese weicht der *Sehnsucht*, die Dank *„Traumschiff"* u.s.w., die aus den Konditionierungsmedien in unser Hirn dringen, eine **Sucht nach Sehnen** erzeugen, mit der Garantie auf <u>Unerfüllbarkeit</u> aber weiteren *Sedierungs-Folgen*! –

Wer sich unterhalten lässt, der lässt sich unten halten! –

So driftet man ab in ein Leben voller **Mangel** und ist gefangen in seinen Sehnsüchten, die den Menschen in die *pseudo-geschlossenen Gesellschaftssysteme* binden, in denen jede Form wahrer **Menschlichkeit** zerstört wird. Wenn es etwas so großes wie Glückseligkeit absolut umsonst gibt, dann ist das ein Feind des Kapaitals, weil alles was von Wert ist, einen Kapitalwert haben muss!

Deswegen werden die Menschen 21 Jahre nach ihrer Geburt *Gehirngewaschen*, - mit *Fluoriden* und anderen Chemikalien wird ihr Selbstvertrauen und ihre Selbstachtung zerstört[29], weswegen sie sich nur noch durch das definieren können, was sie **haben** und nicht mehr durch das, was **sie sind**! –

Wahre **Glückseligkeit**, wonach sich unser Herz verzehrt, kostet nichts! – Sie ist ein *Seinszustand* der aus der Harmonie mit sich und seinem Umfeld als hoch geordnete Kohärenzschwingung entsteht, die alles, in und um uns herum, in eine ebenfalls hoch geordnete Schwingung versetzt,

---

[29] Gifte mit einer Halbwertszeit von 50.000 Jahren, welche die Zirbeldrüse negativ beeinflussen – Kontrolle über Hormone!

- alles *schwingt im Einklang,* woraus ein einzigartiger Seinszustand entsteht, den man schlichtweg mit *Glückseligkeit* beschreibt.

ALLES im Universum folgt diesem *Gesetz der Ordnung,* weswegen es zwanghaft (narzisstisch) versucht, immer besser und besser zu werden und auch der Mensch bildet da keine Ausnahme, weswegen das Streben nach *Glückseligkeit* eine kausale Basis aller menschlicher Motivationen ist. Der Fahrplan zur *Glückseligkeit* sind unsere **Werte**, die ebenfalls der Konditionierung zum Opfer gefallen sind, - unbemerkt, - klonkludent.

In meiner Mentalschule lehre ich die Menschen, wieder zu den eigenen Werten zu finden und wie sie unterscheiden können, was ihre Werte und was die Werte anderer sind, welche sie unbewusst übernommen haben und somit ein fremdbestimmtes Leben führen. Es benötigt geistige Disziplin und einer *vernachlässigten Geistkraft,* um auch diese inneren Fesseln zu sprengen.

Doch die Freiheit beginnt in sich selbst und wer sich dazu entscheidet, der wird vielleicht das erste Mal in seinem Leben, wirklich ***LEBEN*** und dabei erkennen, auf was er ein Leben lang (freiwillig?) verzichtet hat.
Nach einer inneren Befreiung wird erst recht der Drang, sich auch ein freies äußeres Umfeld zu erschaffen, immer vorderdringlicher, weil die innere Freiheit in das Bewusstsein führt, wo wir im Außen noch gefangen sind! –
Ohne zuerst innerlich frei zu sein, wird es schwer, die Gefangenschaft im Außen völlig klar erkennen zu können.
Um genau das zu tun, sollten wir uns Verstärkung suchen, - Menschen die uns wie auch immer auf diesem Weg behilflich sind, Lösungen zu finden, an die noch keiner gedacht hat, um Dinge zu tun, die noch keiner gemacht hat, was gleichsam der Beginn des Neuen ist.

Handeln müssen wir alle für uns alleine, wobei jede einzelne Handlung einer großen, gemeinsamen Sache dient – der Freiheit und das Recht, Mensch zu sein zur *Norm der Schöpfung* und nicht *zur Norm des Papstes* oder anderen *Finstergestalten* die sich selbstermächtigt haben, **ALLE** und **ALLES** zu beherrschen! Dabei sind nicht diese größenwahnsinnigen Psychopathen das Problem, denn es sind viel zu wenige, um dass sie **ALLE** beherrschen könnten! – Möglich wird ihr Dikatat nur deswgen, weil ihnen **ALLE** mithelfen und **ALLE** setzt sich aus jeden Einzelnen zusammen, weswegen die Veränderung auch genau dort greifen muss. Die stärkste Waffe des Einzelnen ist der Mut, **NEIN** zu sagen, was gleichsam der Moment sein wird, alles auf eine Karte zu setzen! – Wenn ihr aus eurem Herzen handelt, dann wird das **NEIN** ein Schutzfeld für euch sein! – Wenn ihr aber noch an alten Werten festhaltet, dann wird das **NEIN** schwach sein, weil die Angst des Verlustes das Schutzfeld eurer Entscheidung destabilisiert!

Viele Möglichkeiten in meinem Umfeld haben sich seitdem ergeben, doch konnte ich mich für keine entscheiden.
Für mich war vor allem wichtig, dass es keine Gruppen von *Vielrednern* sind, die ganz das Handeln vergessen und dass die Gruppen offen sind, - also nach ihrer Wahrheit leben und Lösungen finden, aber auch andere Wahrheiten zulassen; - sie als „*kohärente*" Partner sehen, die *mit*- und nicht *gegeneinander* schwingen, damit daraus eine *konstruktive Interferenz* entsteht, aus der eine kollektive Kraft der Veränderung hervorgeht. Beharrt man dagegen auf seiner Wahrheit, dann führt das zu Widerständen und Blockaden, was es zu meiden gilt.

Auf meiner Suche, wie ich aus dem System in dem ich lebe und das alles durchdringt mit seinen Gesetzen und Verordnungen, ausbrechen kann um wieder **MENSCH** zu werden, habe ich zu Beginn Hilfe benötigt. Als Krücke diente mir dabei zuerst der **Deutsche Heimatbund**, von dem ich mich aber nach kurzer Zeit wieder distanziert habe, da ich merkte, dass ich die eine Unfreiheit gegen eine andere eintauschen würde! – Dort kennt man zwar Wege aus dem System, doch macht man den Fehler, der einem verhindert Mensch zu werden: Man geht in einen Dauerkampf mit dem Staat indem man versucht, die Gesetze der Tyrannen zum eigenen Vorteil zu nutzen, - sie gegen die einzusetzen, die sie gemacht haben! – Ein Verschleißkampf der noch an Dramatik zunimmt, da der **Deutsche Heimatbund** (Rastatt) die Not der meist Unwissenden und Unerfahrenen ausnutzt. Auf einmal findet man sich in einer Vielzahl an Strukturvertrieben, bei denen nur die Köpfe des Deutschen Heimatbundes verdienen oder man wird weiter gereicht an sog. *„Experten"* für Vereinsrecht, wie Josef Stelzmüller (Witschaftsakademie e.V.) der ominöse Satzungen aus dem Hut zaubert, die den Schutzsuchenden bewahren sollen, sofern er bereit ist Summen zwischen 700 – 2.500 Euro für die Satzung zu bezahlen! – Meine Erfahrungen mit dem Deutschen Heimatbund waren durchwachsen und haben mich viel Lehrgeld gekostet! – Zwar haben sie mir geholfen, die Ausstiegsprozedur in einer für mich akzeptablen Vorgehensweise durchzuziehen, - doch das war es dann.

Der **Toni von Rastatt**, Kopf der dortigen Bewegung, hat eine lange kriminelle Vergangenheit wodurch er insbesondere im Strafrecht Kompetenz erlangte. Sein hirn- und planloser Ausstieg jedoch machte ihn zum Opfer seiner Versäumnisse und so benutzt er nun hilflose Menschen die aus dem System raus möchten, um für seinen Lebensunterhalt aufzukommen! – Das hat nun nichts mehr damit zu tun, **Mensch zu werden**! –

Ganz anders der Verein **Mutter Erde e.V.,** der eine selbstlose Plattform anbietet, um sich auf einem eigenverantwortlichen Weg gegenseitig zu helfen, - aus einem

Gefühl der Verbundenheit und nicht der Abhängigkeit. Mein Versuch Syngerien zwischen Mutter Erde e.V. und dem Deutschen Heimatbund in Form einer gemeinsamen Veranstaltung zu schmieden, endete im Chaos, verursacht von den unterschiedlichen Gruppierungen des Deutschen Heimatbundes, die sich dort trafen. Die **Mutter Erde e.V.** Mitglieder *durften* an der Uneinigkeit der Heimatbund-gruppierungen teilhaben und ein **Guido**, der ebenfalls als Heimatbund firmiert, bezeichnete sich als *„göttlicher Gesandter"*, - etwas später war er dann der *Sohn des Teufels* in dessen Rolle er eine Teilnehmerin körperlich malträtierte! – **Mutter Erde e.V.** und auch ich nehmen seitdem Abstand vom Deutschen Heimatbund welcher der Bewegung freier und eigenverantwortlicher Menschen keine Hilfe ist, - im Gegenteil! – Leider gibt es viele solcher Gruppierungen, wo **Halbe** versuchen durch andere **Ganz** zu werden! – Das ist der große Unterschied: Bei **Mutter Erde e.V.** versuchen die einzelnen selbst Ganz zu werden und der Verein hilft dabei; - der Deutsche Heimatbund hingegen versucht, die unausgefüllte Seite der einzelnen Halben durch sich zu füllen, woraus neue Abhängigkeiten entstehen. Um wirklich etwas zu bewegen und zu verändern braucht es **Ganze** und **Heile** Menschen, die gemäß ihren individuellen Voraussetzungen Räume in der Knechtschaft erarbeiten, die es ihnen ermöglich, Mensch zu sein! **Eigenverantwortlichkeit** und eigener Antrieb führen zu neuen *dezentralen Strukturen,* welche die bestehenden zentralen Herrschaftsstrukturen ins Chaos verbringen.
Das kann aber nur passieren, wenn das **Ganze** aus vielen **Ganzen** und **Heilen** Teilen besteht, die an ihren Freiheitsräumen arbeiten, dabei aber einem gemeinsamen geistigen Ziel dienen! – Gewinner erzeugen Siege, - Verlierer werden niemals siegen, - egal wie viele sie sind, weswegen es sehr wichtig ist bewusst zu entscheiden, welcher *Krücke* man sich bedient um sich der Knechtschaft zu entziehen!

Die Lösung auf alle Probleme liegt also *im Kleinsten* und dass man dieses soweit hinbekommt, dass es wieder fähig wird, sich selbst zu organisieren. Das ist nicht so einfach, weil die meisten Menschen in ihren Gedanken und Gefühlen gefangen sind, was sie daran hindert, sich voll auf andere einzulassen. In einer Gesellschaft wo es Usus ist, von morgens bis abends belogen zu werden, fällt es, - wen wundert es, - den meisten Menschen schwer, wieder Vertrauen zu finden!

Der Obrigkeit zu vertrauen ist ein Akt von Selbstbetrug und anstatt sich damit zu konfrontieren, was nach all den bereits veröffentlichten Fakten offenkundig ist, sollte man sich darauf besinnen, einen Kreis an Menschen aufzubauen, dem man wieder Vertrauen kann, was ebenfalls ein nicht unbedeutender Teil vom *Menschsein* ist! – Stellt euch mal vor, die etwa 100 Billionen Zellen die euch ausmachen, würden sich so verhalten wie die Menschen, - nur jeder auf sich bezogen in einem zwanghaften Ganzen, das Werten folgt, die dem Leben entgegenstehen? – Unter solchen Voraussetzungen könnte sich nie aus allen Einzelteilen ein homogenes Ganzes bilden, das sich autoregulativ selbst organisiert. – Zeit um **Ganz** zu werden und wenn nicht jetzt, - wann dann?!

Auch wenn das Völkerrecht dem nationalem Recht übergeordnet ist (GG Art. 25) – *Die allgemeinen Regeln des Völkerrechts sind Bestandteile des Bundesrechts. Sie gehen den Gesetzen vor und erzeugen Rechte und Pflichten un- mittelbar für die Bewohner des Bundesgebietes* – und auch wenn das Bundesverfassungsgericht 2012 entschieden hat, dass es seit *1956* keine verfassungmäßigen Gesetzgeber und Gesetze mehr gibt, und auch wenn wir noch so viele Rechtsmittel haben, - sie werden nicht umgesetzt.
WIR müssen wieder ein **VOLK** werden, denn das inter- nationale Handelsrecht kann seine dominierende Gewalt

nur dann aufrechterhalten, wenn es *Personen* gibt, die sich ihm bereitwillig unterwerfen! –

Um sich als **VOLK** im Sinne einer staatlichen Gemeinde zu aktivieren, wodurch man dann das internationale Handelsgesetz aufheben könnte, müsste man wieder ein Souverän werden, was aber nur möglich ist, wenn man zum Staatenbund *Deutsches Reich* bis 1914 wird! –

In der Verfassung der Staaten ist das Volk *Träger der Staatsgewalt*, weswegen Forderungen nicht auf dem Handelsgebiet der BRD eingeklagt werden können sondern über den *Internationalen Gerichtshof* (IGH) in Den Haag. – Das ist ein Weg, wo man sich von einer *niederen Person* zu einer *höheren Person* macht, aber immer noch eine **Person** bleibt! – Insbesondere wenn man der Registratur des **„Gelben Scheines"** zustimmt. Der Eintrag bleibt, auch wenn man widerspricht und mit dem Eintrag bleibt auch die *Person*! – Doch hat diese Person deutlich mehr Möglichkeiten innerhalb des Handelskonstruktes, als eine Person im üblichen Stand, wie zuvor ja schon geschrieben.

Kommen wir wieder zurück zu uns **MENSCHEN**! –
Ich selbst bin schwer unter Beschuß und deshalb weiß ich, dass Recht haben und Recht bekommen zwei paar verschiedene Schuhe sind. Wenn man Recht hat, es aber nicht umsetzen kann, dann fühlt man sich sehr schnell hilflos und alleine, was auch der Grund dafür ist, dass viele auf den ersten Metern des Weges in die Freiheit einbrechen!

Das wissen auch die *Möchtegern-Behörden* und es war das erklärte Ziel des sog. **Marshall-Plans**, die Deutschen in lauter Einzelgänger zu zerreißen, die nicht mehr im Stande sind, sich zusammenzuschließen, wobei Zusammenschluß heißt: **_Sich einig zu sein!_** – Insofern muss man dankbar sein für die Not, welche die Bundesregierung mit den

Flüchtlingen, scheinbar aus heiterem Himmel, über das Volk brachte! – Warum? - Not vereint, - zumindest ist die Bereitschaft in Notsituationen deutlich größer, als in Friedenszeiten! – Insofern kann **Mutter Erde e.V.** eine Plattform für **ALLE** werden.

Auf dieser Plattform sollen wir erkennen, dass wir viele sind, mehr als der einzelne sich vorstellen kann. – Gemeinsam sollten wir diesen Nährboden bereiten, damit daraus gute Früchte hervorgehen!
Das Motte nach dem man gehen sollte lautet daher ganz einfach:
Rechtsmittel nur nutzen um ein freier Mensch zu werden und dann, nur noch **Mensch sein** und sich das Leben als Person abgewöhnen, was nicht so einfach ist!

Wir unterliegen dem Handelsrecht, das für seine Gültigkeit der gegenseitigen Willenserklärung bedarf, - bewusst oder unbewusst (konkudent). Das hat den Vorteil für uns als *Träger von Rechten und Pflichten*, dass wir eine Willenserklärung auch rechtswirksam widerrufen können.
So nutzt man die zur Verfügung stehenden Rechtsmittel, um sich in einen Personenstand zu bringen, der wieder Menschenrecht unterliegt! – Das ist ein ganz schöner Hindernislauf, denn obwohl die Rechtslage klar ist, wird sie von den Behörden boykottiert. Das bedeutet, dass man einerseits die Rechtslage kennen muss um sich gegen Behörden sicher durchsetzen zu können. Andererseits braucht es charakterliche Wesensattribute, welche mit Bestimmtheit das durchsetzen, was Recht ist! – Da kann man dann deutlich erkennen, in welch einem Molloch von Lügen und Verrat man gefangen ist; - alle arbeiten daran, dass man im versklavten Personenstatus gefangen bleibt und wer frei sein will, der muss über sich hinaus wachsen.
Damit sind die Bemühungen ein freier Mensch zu werden ein wunderbarer Raum der Selbstentfaltung, denn wenn

man sich ernsthaft entschieden hat diesen Weg konsequent zu gehen, dann wird man mit all dem konfrontiert, was einen selbst innerlich unfrei macht! – Aus der inneren Freiheit erschafft sich die äußere Freiheit und wenn man das überwindet, was zur *konkludenten Versklavung* geführt hat, dann werden die Mauern der Unfreiheit zu bröckeln beginnen, bevor sie in sich einstürzen.

Um wieder frei zu werden muss man in die Verweigerung gehen; - NEIN sagen zu allem, was einen Unfrei macht! –
Man muss aber auch aufpassen, dass man den richtigen Wortlauf dafür verwendet, wenn man sich z.B. entschlossen hat, keine Abgaben mehr zu zahlen. – Die deutsche Sprache ist eine tief gründende Sprache und die Worte der Gesetze sind exakt gemäß der Definition der Bedeutung der Worte gewählt! – Eine Pflichtlektüre ist daher das „*Juristische Wörterbuch*" – man muss sich an den Wortlaut der Juristen gewöhnen, da man sonst nicht wirklich wirksame Formulierungen und Texte verfassen kann.
Ein Beispiel dafür, wie fatal sich falsche Wörter auswirken können wäre z.B., wenn man einem Behördenschreiben **widerspricht**! – Im *Widerspruch* findet sich zuerst einmal die Akzenptanz dessen was von einem gefordert wird, - konkludent entstehen zwei Willenserklärungen, die auch dann gültig sind, wenn sie entgegengesetzter Natur sind. Wir nehmen damit das Angebot an was das Amt uns macht, wollen es aber modifiziert nach unseren Vorstellungen erfüllen! – Und schon hat man verloren! – Die Alternative zum Widerspruch ist daher die **Zurückweisung**! – Die *Zurückweisung* ist wie eine Firewall, die verhindert, dass es zu einer wechselseitigen Willenserklärung kommt. – Das Angebot wurde nicht erwiedert und nun hat das Amt das Problem, denn es muss beweisen, dass seine Forderung rechtens ist. Erfahrungsgemäß ist es aber so, dass die Ämter aufhören weiter zu fordern, wenn man ihnen Fakten bietet, gegen die sie keine rechtliche Handhabe haben, - im

Gegenteil! – Sollten diese Fakten so eindeutig sein, dass sie sogar in einem Rechtsstreit per Urteil niedergelegt werden, dann haben die Ämter ein wirkliches Problem, weil sie damit ein Rechtsmittel für Verweigerer schaffen würden! – Ein Beispiel hierfür wäre der Hoheitsrechtsmissbrauch, z.B. beim Einfordern von Steuern, die ein Hoheitsrecht eines nach Völkerrecht bestehenden Staates sind! – Einfache Übung, denn man geht in den Internationalen Handelsrigister der **Dunn & Breadstreet** Datenbank, gibt dann den Namen der Firma ein, z.B. *Finanzamt Bayern* und erhält dann die Handelsregisternummer der *Firma „Finanzamt".* Unter Vorlage der D-U-N-S Nummer tun sich die Ämter schwer zu bestreiten, dass sie Handelsunternehmen im Sinne des HGB sind!

Es wird sehr darauf ankommen, dass man eine handfeste Argumentation in seinem Schreiben vorweisen kann, damit man sein Ziel auch ohne Rechtsmittel durchsetzen kann. Die hierfür erforderliche Startegie ist von Fall zu Fall abzuwägen, weswegen es der Eigenkompetenz bedarf, die sich auf die spezifischen Anforderungen ausrichtet. Daher meine Empfehlung, nach der Personenstandserklärung auf sämtliche Rechtsmittel zu verzichten und jede Kommunikation zu den Ämtern abzubrechen; - keine Briefe mehr öffnen, - alles zurück zum Absender!

Mutter Erde e.V. bietet mehrmals im Monat Veranstalungen und Vorträge an, bei denen die Grundlagen vermittelt werden, damit diese Eigenkompetenz entstehen kann. Natürlich gibt es auch Musterschreiben, die man so wie sie sind benutzen kann, was zum Beispiel im Falle von den Standardprozeduren, wie Personalausweis abgeben, oder Willenserklärung sowie Pateientenverfügung u.s.w. der Fall wäre.

In anderen Fällen, wie z.B. Verweigerung der Kfz-Steuer u.s.w. kann es natürlich keine Standardschreiben geben.

Als freier Mensch muss man zu aller erst lernen, seinen *eigenen Willen* zu formulieren, um ihn durchzusetzen! –

Den Menschen macht sein Wille groß und klein!
Friedrich von Schiller.

Die Waffen eines Menschen

Wir machen bisher den Fehler, dass wir z.B. denken, - *wenn keiner mehr Steuern zahlt, dann ....,* und so weiter, - das ist **FALSCH**! – Es wird nicht funktionieren, dass **ALLE** mitmachen und deshalb darf man nicht sein eigenes Engagement vom Tun aller abhängig machen! – Wenn man seinen Geist in diese Richtung fokussiert hat, dann wird man erbitterte Kämpfe führen und im Grunde ganz alleine kämpfen und frustrieren, wie alle, die einer scheinbaren Übermacht gegenüberstehen! – Natürlich ist *Verweigerung* eine effektive Möglichkeit, das Terror-System zu ärgern und seine Ziele im Bezug auf den Ausstieg aus dem System durchzusetzen,- aber kippen kann man es damit lange noch nicht, - es sei denn, es machen wirklich ALLE mit! –
Man muss lernen, anders zu denken, um wirklich kausale Lösungen zu erzielen, die ohne Kampf und ganz einfach in ihrem Wesen sind! – Anders denken ist ein ganz wichtiger Aspekt bei all dem was uns antreibt, denn das Ergebnis unseres Tuns wird eine Veränderung sein, - eine grundlegende Veränderung, die mit einem neuen Denken auch neue Möglichkeiten eröffnet! – So, wie wir zu denken und handeln gelernt haben, erschufen wir den *Status quo*, dessen Fratze uns jetzt ins Gesicht sieht. Das ganze System

das uns belebt, basiert auf einer vom Grunde auf widrigen und destruktiven Bewegungslehre, die es nun zu meiden gilt, wenn wir das Recht *Mensch zu sein*, in Anspruch nehmen wollen.

Es wurde viel über Gesetze geschrieben und ich glaube ihr stimmt mir alle zu, - das war verwirrend und viel zu kompliziert, als daraus wirklich einen Weg zur Lösung zu finden! – Ausserdem: Die BRD GmbH ist ohne Geltungsbereich (Streichung des GG Art. 23) und damit im wahrsten Sinne des Wortes ***RECHTSFREI***! – Es gibt keine gültigen Gesetze! – Demnach sind, sofern wieder geordnete Verhältnisse vorherrschen, alle Amtsakte die auf *Grundlage nicht existierender Gesetze* erlassen wurden **unwirksam**! –
Zu den Amtsakten gehört aber auch der formelle Weg zum *Staatszugehörigkeitsnachweis* (StaG, RuStaG)a und so stellt sich die Frage, wie nachhaltig dieser Weg wirklich ist! – Um in diesem Chaos so etwas wie Sicherheit, oder sagen wir besser, einen störungsarmen Raum zu erschaffen, muss man beginnen, kleine Segmente aus dem Ganzen zu schneiden, die man mit Ordnung auffüllt; - das sind die Vereine, die ***freien Menschen*** erlauben, weitestgehend abgekoppelt von diesem ganzen Irrsinn ihr Leben zu leben.
Ich glaube, dass es keinen Sinn macht die Freiheit in alten Schuhen zu betreten; - wir sollten das alles hinter uns lassen und nicht mehr die gleichen Fehler von Beginn an wieder machen! – Es ist einfacher sich z.B. um seinen Verein zu kümmern, - ihm die ganze Aufmerksamkeit zu schenken, damit ein erfülltes und harmonisches Lebensumfeld entstehen kann, in dem alles vorhanden ist, was man für ein erfülltes Leben braucht! – Das macht mehr Sinn und Spass als sich mit *Möchtegern-Behörden* herumzuschlagen! –
Machen wir es uns mit der ***legalen Verweigerung*** einfach, denn wer was von einem freien Menschen will, der muss ihm belegen können, dass er das auch dürfen will!

So dienen uns die Gesetze vielleicht als Schild, nicht aber als „*Schlüssel*" zur Veränderung! –

Das große Geheimnis also liegt darin, zu erkennen, wo der *Schlüssel* der Veränderung denn nun wirklich liegt!
Und, - habt ihr schon eine Ahnung, was die Veränderung bewirken könnte? – <u>Ganz genau!</u> – ***DU***.

Die Überlegung war, wie man dem Einzelnen einen wirklichen Schutz anbieten kann, um ihn in seinem Bestreben, Mensch zu sein, zu unterstützen. – Viele Jahre ist ***Alois*** vom ***Mutter Erde e.V.*** als Pionier diese Wege gegangen und hat viele, teils massive und illegale Übergriffe über sich ergehen lassen müssen; - doch er ist immer wieder aufgestanden und jedes Mal wenn er wieder stand, stand er stabiler und fester. Auf friedvolle und diplomatische, aber sehr bestimmte und wortgewandte Art und Weise beschritt *Alois* den Weg der ***legalen Verweigerung*** und erzielte damit wirklich einzigartige Erfolge.
Durch ***Mutter Erde e.V*** stellt *Alois* seine Erfahrung Menschen zur Verfügung, damit sie aktiv daran mitwirken, über die Vereins-Architektur hoheitlich geschützte ***freie Vereine***, für ***freie Menschen*** im Naturrecht, zu gründen.

Es ist für die Menschen, die sich über viele Jahre Sach- und Fachkompetenz zu den behördlichen und rechtlichen Begebenheiten angelernt haben unmöglich, auf die individuellen Bedürfnisse der Erwachten einzugehen. Erhalten die Erwachten aber keine Hilfe, so ist die Gefahr groß, dass sie resignieren! – Eine schwierige Situation, aber längst nicht aussichtslos, denn eine sichere Führung kann auf jeden Fall bei der Ausstiegsprozedur zur Personenstandsbereinigung angedient werden.
Damit ist man erst einmal ein formal *freier Mensch*! – Um sich nun mit anderen *freien Menschen* zu vernetzen und um sich in spezifischen Fällen auszutauschen, entstand die

Vereinsarchitektur von **Mutter Erde e.V.**, worin das gelebt wird, wozu andere erst noch kommen müssen, weswegen dort Erfahrung und bewährte Lösungen zu finden sind.
Auf fachspezifischen Workshops wie z.B. KfZ-Steuer, Kfz-Anmeldung, sowie alles, was mit dem Kfz zu tun hat! – Zahlt man keine _freiwillige_ Steuer oder Versicherung mehr, dann wird das Auto abgemeldet und was mache ich dann? - Auch wenn ich ein _freier Mensch_ bin, wie kann ich mich schützen, um nicht wieder ins Handelsrecht des Systems gebunden zu werden und vor allem, wie kann ich als _freier Mensch_ mein Leben wirklich frei verbringen und nicht im Dauerkampf mit dem System?
Es fand sich ein genialer Weg, von dem man sich erhoffen darf, dass er noch zur Umsetzung kommt. Die Situation mit den _Flüchtlingen_ scheint schneller als erwartet zu eskalieren, was mit Sicherheit auch daran liegt, dass immer mehr Menschen aufwachen und an diesem Spiel nicht mehr teilnehmen wollen! – Bricht erst einmal die öffentliche Ordnung zusammen, so kann der _Kriegszustand_ verhängt werden und wir werden alle voneinander separiert, - die Ordnung wie wir sie kennen, weicht einer Militärordnung, mit der wir dann mit aller Härte konfrontiert werden! – Alles läuft genauso ab, wie zu Beginn der Nazi-Machtübernahme; - die parlamentarischen Diktatoren beherrschen das Recht! Sie statten sich mit einer selbstermächtigten Hoheitsmacht aus und scheuen sich nicht einmal, den gestrichenen **GG Art. 23** mit dem neuen **EU ART. 23** zu „_überschreiben_"! -

Viele Menschen erfahren das zum ersten Mal in ihrem Leben, was noch einmal unterstreichen soll, - Veränderung steht an, - ob wir das wollen oder nicht. – Im Moment hat man alles erfolgreich in die Wege geleitet, um das deutsche Volk durch eine islamische Kolonialisierung vom Erdboden verschwinden zu lassen. – Werden die das schaffen? (!)

Ich spreche für mich wenn ich sage, dass ich Wert darauf lege, an der Veränderung aktiv mitzuwirken, nachdem ich ja auch die Konsequenzen dafür tragen muss, - doch glaube ich, dass viele der Leser diese Meinung mit mir teilen. Übrigens: Ich lege keinen Wert darauf ein „*Deutscher*" zu sein, - das einzige wonach ich strebe, ist es ein **freier Mensch** zu sein, - ein Bewohner der Erde, der seiner individuellen Lebensbestimmung in Frieden und Harmonie folgt, ohne permanent von selbstermächtigten Dritten beschränkt zu werden, die ihr Streben niederen Beweggründen unterordnen.

Die vielen Flüchtlinge, die Ihr Land verlassen weil sie dort keine Lebensgrundlage mehr finden, sind ein weiterer Beweis dafür, wie die Mächtigen der Welt ihre Macht dazu missbrauchen, das Leben zu zerstören, - auf allen Ebenen.

Während dessen zeigen unsere Politiker ihre wahren *Terror-Fratzen* und man fühlt sich immer mehr von ihnen verhöhnt, verlacht, abgewertet und benutzt! – Und sie warten darauf, bis den Menschen der Kragen platzt! –

Deshalb, liebe Freunde, lasst uns die Energie dazu verwenden, um etwas Positives und Nachhaltiges aufzubauen.

Das Ende des Alten naht, - also warum noch am Vergangenem herumdoktoren? – Fangen wir doch gleich **<u>neu</u>** an!

Willst Du Dein Land verändern, verändere Deine Stadt. Willst Du Deine Stadt verändern, verändere Deine Straße. Willst Du Deine Straße verändern, verändere Dein Haus. Willst Du Dein Haus verändern, verändere Dich selbst." *– Arabisches Sprichwort.*

DAS PENDEL

Jeder weiß, was ein **Pendel** ist! – Aber weiß auch jeder, welche Bedeutung es im Sinne des *sozialwissenschaftlichen Wesens* hat? – Eine Gesellschaft ist aus Sicht der Thermodynamik eine Art *geschlossenes System*, das durch **selbst erschaffene** Begrenzungen aus einem weitaus größeren System extrahiert wurde. –

Denkt an die *Stallkühe* – der *Stall* und die *(Stall-)Ordnung* sind das **geschlossene System**, das mitten aus der Natur *künstlich errichtet* wurde.

Damit wird den *Stallkühen* ein Leben aufgezwungen, welches sich grundlegend von dem einer in der freien Natur lebenden Kuh unterscheidet! – Der Rahmen, in dem die Kühe sich in der **Stallordnung** bewegen, ist ihr Lebensalltag und der wird zu ihrem Leben, wenn sie sich damit abfinden! – Ein Hinweis, der auf die Gefangenschaft in einen solchen System hindeutet, sind **Gewohnheiten**! –
In Freiheit gibt es keine Gewohnheiten, weil alles in permanenter Veränderung ist und auch sein darf!
Doch es wird nur das sein, dem wir unsere Beobachtung (Aufmerksamkeit) schenken, womit wir es zur Wahrheit werden lassen! – Kurzum: Freiheit wird zur individuellen Entscheidungssache.

Jedes *geschlossene System* wird durch eine lineare Ordnung (Recht) aus dem Ganzen separiert, weswegen *Ordnungsvorschriften* immer ein signifikanter Hinweis darauf sind,
dass wir es mit einem „*geschlossenen System*" zu tun haben.
Dieses System hat irgendwann einmal jemand initiiert und es wurde seitdem aufrechterhalten und immer weiter an die Bedürfnisse der „*Stallkühe*" angepasst, damit die „Stallkühe" immer mit ihrer ungeteilten Aufmerksamkeit

daran teilhaben; - ein anderes Wort für eon dermaßenes System ist das auch das „Hamsterrad". Wenn es anfängt sich zu drehen, dann muss man all seine Sinne darauf richten, damit man nicht aus dem Rhythmus kommt und fällt! - Wichtig dabei ist zu verstehen, dass wir *freiwillig* in diesem System sind und *seine Gesetze nur solange Gültigkeit* haben, solange wir darin leben und dass es uns *per freien Willensentschluß* frei steht, dieses System ***jederzeit*** zu verlassen! - Doch wie das Hamsterrad schön darstellt, ist es nicht möglich, aus dem drehenden Rad abrupt still zu stehen; - das Hamsterrad muss auslaufen und man darf keine Energie mehr in die Vorwärtsbewegung geben, damit das Rad zum Stillstand kommt. Ich denke, dass dies der schwerste Teil des ganzen „Ausstiegsunterfangens" ist, denn bevor man seine Bewegung im Hamsterrad zurückfährt, muss man einen für sich erstrebenswerten Grund haben, aus dem die Entscheidung entsteht.

Man kann sich aber nur für etwas entscheiden, was man auch kennt! – Schauen wir uns einmal an, was das Gesetz zum Menschen sagt, denn wir reden die ganze Zeit darüber, aber was ist der Mensch denn *„juri-real"* nun wirklich?

MENSCH ist das mit *Verstand* (denken & entscheiden) und *Sprachvermögen* (sagt ***JA*** statt ***NEIN***) begabte Lebewesen <u>von seiner Geburt bis zu seinem Tod</u>. Der ***Mensch*** steht im Mittelpunkt ***<u>des von ihm gestalteten Rechtes</u>***. Er hat bestimmte ***<u>grundlegende Rechte gegenüber</u>*** dem *Staat*.[30]

In dieser juristischen Definition des *Menschen* findet sich der Beweggrund wieder, ein ***freier Mensch*** zu werden, der das Gestalten seiner eigenen Rechte per Willensentscheidung vornimmt. Die Personenstandveränderung ist sein Recht, um wieder, mittels Kündigung aller geschlossenen

---

[30] Gerhard Köbler, *Juristisches Wörterbuch,* 15. Aufl. Vahlen München, 2012

Verträge mit dem System in die Lage zu kommen, *vertragsfrei,* Mensch zu sein. Wer sich also über die Ungerechtigkeit beschwert, die von oben auf die Menschen herabprasselt, der hat noch nicht verstanden, dass er doch nur **NEIN** sagen muss, sofern er bereit ist, dieses **NEIN** auch mit aktiven Handlungen zu untermauern! - Wieder zurück zum *„geschlossenen-System".*

Für die Kühe ist es die *Stallordnung,* - für uns Menschen im Personalstatus gibt es die Haus-, Arbeits-, Gemeinde-, Stadt-, Landes- oder Bundesordnung, - die Liste kann noch beliebig weiter geführt werden. Jede dieser *„Ordnungen"* repräsentiert die **Konturen** eines *geschlossenen Systems,* was aus der Fülle des Ganzen, nur einen kleinen, vordefinierten Teil zulässt.
Aus der vorbestimmten Ordnung entstehen *Werte,* - Werte, die allen in diesem System befindlichen Personen aufgeprägt werden, was zur Folge hat, dass die Menschen, ihrer *narzisstischen Natur* folgend, - den *aufgeprägten Werten* folgen. *Narzissmus* ist hier nur insofern negativ zu werten, als dass dieser negativen, - also menschen- und lebensfeindlichen *Werten* folgt! *Narzisstisches Streben* ist die erkennbare **Wirkung** deren **Ursache** die *Werte* sind, die den Bestrebungen zugrunde liegen! – Die *Ursache* für die zerstörte Natur (Wirkung) ist einseitige *Nutzenschöpfung* und das gleiche Ursache-Wirkungsprinzip gilt auch für die Zerstörung der menschlichen Natur (Krankheit)!

Jedes derart *geordnete System* stellt nun ein **Pendel** dar. –
Ein Beispiel hierfür wären *politische Parteien,* - sie sind ein sehr großes und mächtiges *Pendel,* weil sie die Geschicke des Landes im Namen *ALLER* bestimmen. Wir haben zwar nichts mitzureden, doch man will unsere *Aufmerksamkeit* und alle paar Jahre unsere Zeit für eine Stimme, die man als *Zeichen gelebter Demokratie* ausweist! –

Jeden Tag der *geistige Polit-Dünnschiß* aus allen Medien, - alles dreht sich um die Politik und genau das will man! – Ein **Pendel** lebt von der Energie der Aufmerksamkeit und dem **Pendel** ist völlig egal, ob man *FÜR* oder *GEGEN* es ist, - seine Energie entsteht aus der Auseinandersetzung! – Ein **Pendel** schwingt von einer Seite zur anderen, - von *Positiv* nach *Negativ* und es nährt sich von beiden Energien.

Das ist *Energievampirismus*, denn die meisten Menschen öffnen sich unbewusst den Inhalten, welche sie an das *Pendel* bindet, - überall wo es Pro-/Contra-Diskussionen gibt, ist mindestens ein *Pendel* am Wirken um Energie abzugreifen. Und diese *Energie* ist real, - es achtet nur niemand darauf und wenn ich auf meine Wertsachen nicht aufpasse, dann klaut sie mir einer, der ihren Wert schätzt! Die **Lebenszeit** die man aufwendet, um den wesensfremden Inhalten von *Pendeln* zu folgen, fehlt für die Umsetzung der *eigenen Lebensinhalte*. – Was kann es geben, was kostbarer ist, als Lebenszeit? – Sie ist nicht käuflich, man kann sie nicht verlängern oder zusätzlich erhalten und man kann sie auch nicht vergeben; - wir haben nur das, was wir haben und so mögen sich unsere Werte dahingehend ausrichten, dass wir unsere Lebensenergie bewusst für das einsetzen, was zum Wohle für uns, unsere Mitmenschen und die gesamte Schöpfung ist!

Pendel darf man nicht verteufeln, wir brauchen sie, doch muss man sich über eines bewusst sein:

Jedes Pendel benötigt Lebensenergie um bewegt zu werden!

Die mächtigsten *Pendel*, die uns mit ihren Inhalten beherrschen, sind *Pendel*, die uns **aufgezwungen** werden, jedoch nur so lange, wie wir es unwissend zulassen! –

Im Grunde reicht die bewusst formulierte Willenserklärung, wieder *Mensch zu sein* aus, um das auch zu sein! –
Das **Menschsein** kann man nicht verlieren, doch welcher dunkle Geist verbirgt sich hinter der Intention, jemanden den natürlichen Status seines Seins wegzunehmen? –

Unter diesem Gesichtspunkt muss man sich fragen, inwieweit es dem *Menschwerden* wirklich förderlich ist, sich mit den Waffen der *Pendel* (Recht) zur Wehr zu setzen? –
Muss man erst Staatsvolk sein um Mensch zu werden, oder muss man vielleicht zuerst Mensch werden um einen Staat zu gründen. – Nur Menschen können einen Staat gründen!
Und nur Menschen können sich dazu entscheiden, einen Staat, der sich fehlerhaft entwickelst hat, aufzulösen.
Der Mensch kann ohne Staat, Mensch sein, doch der Staat kann ohne Mensch kein Staat sein!

Und auch **Mutter Erde e.V.**, sowie jede andere Bewegung die aus der Sklaverei herausführt, ist ebenfalls ein *Pendel*.
Pendel entstehen immer da, wo mehrere Menschen sich entscheiden, aus ihren individuellen Potenzialen einer gemeinsamen Sache zu dienen. Sie geben dabei Energie in das Pendel in Form von Lebenszeit, Geld und geistigen Werten; - alles Energien, die ein Pendel stark machen.
<u>Hierzu eine Anmerkung:</u> Es wird leider zu oft vermieden, ehrlich mit dem Thema **Geld** umzugehen! – Das kann große Probleme machen, denn „*Geben <-> Nehmen*" ist ein Grundgesetz der Natur und muss in Harmonie sein.
Geld ist eine stark bewegende Energie und nach den Worten meiner verstorbenen Mutter:

Du **k**annst **G**eld **in dein** **H**aus **lassen,**
aber niemals in dein **H**erz**!**

Geld ist nicht schlecht, aber es fließt derzeit noch zu denen, die damit Übles machen! – Glaubt ihr nicht, dass Geld in den Händen von Menschen die Gutes im Sinn haben, nicht besser aufgehoben ist? – Es ist unsere Entscheidung, wen wir mit unserer *Geld-Energie* stark machen! Man stärkt das **Gute** in dem Maße, wie man das **Schlechte** schwächt; - man nennt es ganz neutral, *Potenzial-Umverteilung*. Aus diesem Grunde sind Anmerkungen wie, *„Menschenrechtler haben nichts zu verlangen"*, oder ähnliches, der gemeinsamen Sache nicht dienlich. – Ich kann gut verstehen, dass die meisten Menschen Widerstände gegen das *Geld* oder das *Geld-Verdienen* entwickelt haben; - hat man es doch zu einer knappen Ressource gemacht von der man **nie genug** aber **meistens zu wenig** hat! – Die einfache Wahrheit aber ist: Es gibt genug **Geld für ALLE**. Es muss nur **umverteilt** werden! – *Geld* ist nicht schuld an seiner Knappheit. Schuld sind die, die es verteilen! – *Geld* kann **Krank** oder **Heil** machen, denn es ist eine Energie, dessen Qualität von der **Information** bestimmt wird, die man darauf legt!

Wenn unser Körper krank ist, dann schickt er nicht die ganze Energie in die Krankheit, sondern investiert sie in die Mechanismen, die gesund sind! – Der Körper weiß, dass mit dem Wachstum des **Guten**, das **Schlechte** im gleichen Maße abnimmt; - ganz ohne Kampf! – es passiert einfach so, - scheinbar aus sich heraus, was man **Emergenz** nennt.

Ein Kampf entsteht dadurch, dass man zwanghaft versucht, das **Gute** in das **Schlechte** zu bringen, - man bekämpft dann das *Schlechte* <u>mit dem</u> *Guten* was zu Verschleiß auf beiden Seiten führt. Ein altes Indianersprichwort sagt hierzu:

**Der Mensch hat ZWEI WÖLFE in sich,
den SCHWARZEN WOLF der Angst und
den WEIßEN WOLF der Liebe.
Der stärkere der beiden Wölfe wird der sein
der mit der Aufmerksamkeit genährt wird.**
(Frei Interpretiert)

Wir sollten der Intelligenz unseres Körpers folgen, denn besser werden wir es bestimmt nicht machen können.

Ein nachhaltiger Weg aus der Sklaverei ist daher die Personenstandsregulation und hat man erst einmal die unliebsame *Person* abgelegt, dann ist es wichtig, sich als Mensch zu definieren und das zu Leben, an das man glaubt! Seit Urzeiten versucht man das jedoch zu unterbinden, denn freie Menschen kann man nicht einfach benutzen, wie es einigen beliebt! – Man muss sich klar werden, dass hier etwas sehr, sehr Altes dabei ist, sich aufzulösen; - zumindest ist die Möglichkeit *JETZT* da, - was der Mensch aber daraus macht, das unterliegt seinem „freien" Willen, den zu nutzen das Hamsterrad ihm abgewöhnt hat! – Mit der Umsetzung des *freien Willens* würde man aus dem Takt des Hamsterrads kommen und so verzichtet man darauf meist aus Angst vor den Folgen.

Eines sollte über Pendel noch ganz deutlich sein:

Ein Pendel kann man nicht bekämpfen!

Das führt unweigerlich zu einem unnötigen Verschleiß an Lebensenergie, was nichts anderes bewirkt, als dass man irgendwann ausgelaugt und gebrochen ist, - man gibt damit seine ganze Energie dem *Pendel*! – Man kann das Pendel abschwächen, indem man seine Energie herausnimmt, indem man z.B. seine Versicherungen und was man sonst noch so als Rücklagen auf der Bank und den Geldsystemen rumliegen hat auflöst und es zu sich holt; - oder in dem man *Konsumketten* meidet und immer mehr kleinere Inhaber-/Vereinsgeschäfte oder gar die eigene Autarkie mit Geld-Energie verstärkt. Das schwächt ein Pendel, doch man gibt sich immer noch mit ihm ab und verliert weiterhin Lebenszeit, weswegen am Ende der Loslösung ein Lebensumfeld entstehen muss, das es ermöglicht, das Pendel auf die effizienteste Weise zu „*bekämpfen*":

Ignoriere es!

Richte die Aufmerksamkeit auf das Machbare, was Dir und dem Leben dient, - sei kreativ, denn *freie Menschen* pflegen *keine Gewohnheiten*, - stehe zu deinen Fehlern die du machen wirst, wenn du neue Wege gehst und lerne aus ihnen! – Ich habe schon sehr viele Fehler gemacht und mache sie immer noch; - doch eines habe ich nicht:

Ich habe keinen Fehler zweimal gemacht! –

Nimm alles Negative was dir begegnet als eine Chance, darauf eine positive Lösung zu finden und finde Wege, sie umzusetzen! – Das sind die Werkzeuge, um ein *Pendel auszuhebeln*, - ihm die Energie zu entziehen, worauf auch der allseits bekannte Spruch abzielt:

Stell dir vor es ist Krieg und keiner geht hin!

Ebenso, wie die positive Invertierung dieser Aussage:

Stell dir vor es ist Frieden und alle machen mit!
Diesen Leitmotiven folgend, begründet sich **Mutter Erde e.V.**. Dort werden Fachvorträge zum Thema Gesundheit und menschgerechtes Leben angeboten, sowie Veranstaltungen, die den Menschen helfen, immer mehr und mehr in ihre Selbstbestimmung zu kommen. –

Die Lösung ist im Grunde ganz einfach. Das eröffnet uns und anderen Menschen die Chance, durch eine *Vereinsarchitektur* einen Schutzraum für **befreite Menschen** zu errichten. Nicht alle Menschen können sich gegen die

Behörden-Willkür durchsetzen und so ist es ein Risiko, wenn man in den Anfängen in einen rechtlichen Austausch kommt, dem man noch nicht gewachsen ist.
Wie schon mehrfach angesprochen ist der Statuswechsel von der *juristischen Person* zum *Menschen* der Fußpunkt der gesamten weiteren Entwicklung, weswegen diesem Status der höchste Schutz gelten muss.

An dieser Stelle war in der Erstauflage die Idee des Deutschen Heimat Bundes und seiner Vereinsarchitektur, die sich anfangs sehr stimmig angehört hatte. Doch leider haben sich hinter dieser Intention niedere Beweggründe versteckt und die Initatoren, die Wirtschaftsakedemie e.V. unter Herrn Josef Stelzmüller, haben diese wirklich gute Idee leider kommerzionalisiert. – All das, was mich am bestehende Gesellschaftssystem abgestoßen hat, Lug und Trug sowie niedere Beweggründe die dem Wohle einzelner zu Lasten vieler dienen, fand ich auf einmal bei den hochgelobten *Befreiern* wieder, - schöne Worte und Intentionen locken die Opfer an und haben sie erst einmal gebissen, verlieren sie Geld und stabilen Boden unter den Füßen. Neben den Staatsgaunern müssen sie sich nun auch noch mit den Anti-Staatsgaunern herumschlagen. – All das entspricht überhaupt nicht meiner Vorstellung eines freien Menschen und so möchte ich jedem ins Gewissen reden, dass er sich wirklich nur bei seiner Personenstandsregulation helfen lassen soll, - den Weg zum freien Menschen muss jeder selbst entscheiden und gehen.
Benanntes Negativbeispiel ist nur die eine Seite von der Medaille, - **Mutter Erde e.V.** ist die andere Seite davon. Hier werden keine Gelder für eine Satzung verlangt, - sie steht jedem frei zur Verfügung und alle Impulse die von *Mutter Erde e.V.* ausgehen führen nicht zu Zwängen, denen man sich unterordnen muss, - alles geschieht auf Basis der Freiwilligkeit, getragen vom integren Geist des sich gegenseitigen Helfens in dem Bewusstsein, dass das was ich für

meinen Nächsten tue, auch für mich getan ist. Jeder kann das sein, was er ist; - jeder kann seine eigene Freiheit leben und lernen, auch die Freiheit eines anderen zu akzeptieren und zu schätzen.

Das hier vorwiegend wichtige Thema ist: Wertschätzung, die aus der Basis von Freiheit, sowie aus Achtung und Respekt entsteht. Findet man das in Bewegungen aus dem System vor, so ist man dort gut aufgehoben.

Das kollektive Wirken freiheitsstrebender Menschen fußt nicht darin, dass man alles gemeinsam machen muss oder alle einer Wahrheit folgen. – Das ist die *„alte Welt"* in der die Hirarchie von der Pyramidenspitze nach unten läuft! – Doch in Wirklichkeit müsste es umgekehrt sein, denn man fängt unten an zu bauen. Unten sind *freie Menschen*, die Ihrer individuellen Lebensbestimmung folgen und da die Wahrheit nun einmal *im Auge des Betrachters* liegt, gibt es dort so viele Wahrheiten, wie Individuen. Ein Chaos, das jedoch keinen Schaden anrichtet, wenn es kausalen Werten folgt. Das bedeutet, dass jeder Mensch, der seine individuelle Wahrheit (er)lebt, diese immer an kausalen Grundwerten ausrichtet und damit den Nutzen seines Lebens sich selbst, sowie dem Kollektiv unterstellt, was über den gemeinsamen Grundwert *verschränkt* ist.

Dieser Grundwert könnte z.B. Frieden sein, oder Heilung, Liebe als anhaltender Seinszustand, Harmonie oder, wie in unserem Fall, - Freiheit und das Recht **Mensch zu sein**!

Nehmen wir um ein klärendes Beispiel zu bennen den Grundwert Freiheit, der unsere Aufmerksamkeit über alles in Anspruch nehmen sollte. - 100 Individuen schreiben *„Freiheit"* (wahrscheinlich) in der gleichen Buchstabenfolge, doch denkt jeder etwas anderes dabei. Ein Begriff und hundert individuelle Interpretationen.

Im Moment regelt der Staat mittels Definition wie man *Freiheit* schreibt und was man darunter zu verstehen hat und alle müssen sich daran halten, auch wenn sie da ganz anders denken.

Was kommen muss ist, dass „Freiheit" ein Triggerwort ist, das alle, gemäß ihrer eigenen Interpretation anspornt, es auf die wesenseigene individuelle Art zu leben, - ihr Leben danach auszurichten. In der Quantenphysik nennt man einen so geordneten chaotischen Ablauf, **Emergenz**.

Abb.: *EINER FRISST ALLE oder ALLE FRESSEN EINEN,* so funktionieren *emergente* Abfolgen, wenn sie tugendhaften Grundwerten folgen!

Geordnet wird das Chaos dadurch, dass alle Teile des Ganzen ihre Aufmerksamkeit auf ein kollektives Ziel richten, z.B. *Freiheit,* und alle Teile des Ganzen dieses Ziel, gemäß ihrer individuellen Wahrheit, zu erreichen suchen. Dabei kommt es zu vielen Wechselwirkungen der Teile des Ganzen, aus denen sich etwas Neues, nicht berechenbares, entwickelt. Es tun sich z.B. drei Menschen zusammen und bewirtschaften ein Stück Land um davon zu leben, oder man hilft sich gegenseitig bei unliebsamen Behördenangelegenheiten. Da immer der Grundwert *Freiheit* zugrundeliegt, dient das Ergebnis auf die eine oder andere Art auch der Freiheit des Ganzen.

Das Kollektiv von dem immer gesprochen wird, soll sich also nicht aus einer zwanghaften Unterordnung ergeben, - Die Teile des Ganzen sollen *Ganz und Heil* werden, denn wenn die Teile des Ganzen krank sind, dann ist auch das

Ganze krank. So muss jedes einzelne Teil des Ganzen erst einmal bei sich selbst anfangen, sich *Ganz und Heil* zu machen, indem es lernt, frei und ungehemmt seine gottgegebenen individuellen Potenziale zu entdecken und zu erwecken. Jedes Potenzial der individuellen Wesensnatur das man lernt zu leben, macht immer mehr *Ganz und Heil*. Du tust das für Dich und dennoch auch für das Ganze, ohne dass du dich ihm unterordnen müsstest, worin ein ganz wichtiger Unterschied zu dem liegt, was wir als Personen, gewohnt sind zu leben!
Die Umstellung muss dabei zuerst im Kopf und Herz stattfinden, da Materie immer dem Geist folgt.

Dies ist auch der Grund, warum es noch keine wirklichen Veränderungen gibt. Mit dem Denken das bisher kultiviert wurde, verlangt man von uns, alles alleine zu machen, was nicht funktionieren kann und zu einer kranken Unabhängigkeit führt, mit der man nur sich selbst und seinen Interessen dient. Das neue Denken lässt sich sinngemäß daher so beschreiben:

**Wenn einer 100% bringen muss,
dann wird er scheitern, -
Wenn jedoch 100 nur 1% bringen müssen,
dann ist der Erfolg sicher!**

In diesem Sinne erfüllt **Mutter Erde e.V.** alle Voraussetzungen, zumindest nach meinem Ermessen und Gefühl für Stimmigkeit, um darauf aufzubauen zu können.
Die Menschen die sich dort treffen und insbesondere diejenigen, die alles initiieren, wie z.B. Alois und seine vielen Helfer, haben größtenteils schon das Denken, was zu nachhaltigen Änderungen führen kann. Hier entsteht eine ganz neue Form von einem Pendel, das keine feste Form mehr hat, sondern durch seine einzelnen Teile ins

Schwingen kommt. Dieses Pendel nährt sich aus den individuellen Schwingungen, die unberechenbar von überall herkommen. Die unberechenbar gestreute Bewegung daraus, lässt die zwanghafte Ordnung der bestehenden Pendel der Macht ins Wanken geraten und kann sogar deren totalen Einbruch herbeiführen. Hierzu bedarf es aber noch mehr Menschen, die für ihre Freiheit einzutreten bereit sind, - vorausgesetzt sie erkennen erst einmal ihre Unfreiheit und den Wert *echter Freiheit*! – Die meisten Menschen erkennen vielleicht die Unfreiheit schon, setzen diese aber nicht mit Freiheitsverlust gleich, sondern als notwendige Unterordnung, um ihren sinnlichen Gewohnheiten sowie dem Drang der Existenzsicherung zu folgen, ganz nach dem Motto:
Lieber eine bequeme Lüge, als eine unbequeme Wahrheit!
Andere die sich der verlorenen Freiheit bewusst sind,
haben da ein ganz anderes Problem.

Und wieder zu den *Stallkühen*, die nun das erste Mal den Mut haben, nach draußen zu gehen! –
Auch sie wissen nicht was sie dort erwartet, - sie haben es noch nie gesehen und sich bestenfalls eigene abstrakte Gedanken und Visionen zum Leben *im Außen*, - und damit auch über *Freiheit*, - gemacht! – Aber was *Freiheit* wirklich ist, das wissen sie nicht, weil sie ja immer in ihrer *begrenzten Freiheit* das Gefühl hatten, frei zu sein!

Was nun *wirkliche Freiheit* bedeutet werden die *Kühe* erst dann erfahren können, wenn sie eigene Erfahrungen mit der Freiheit und der freien Welt gemacht haben, wie es z.B. schmeckt, frisches Gras zu fressen, lebendiges Wasser aus einem Fluss trinken und sich die unendlichen Weiten mit anderen Tierbrüdern zu teilen. Keine festen Abläufe mehr, - alles wird genau dann erledigt, wann man es erledigen **möchte**, - man frisst wenn man Hunger hat und nicht wenn man etwas bekommt! – Zu Beginn verändert sich die

Wahrnehmung, dann die ganze Kuh. Erst wenn sie diese Erfahrungen gemacht hat, wird sie erkennen können, wie wenig davon sie in ihrem *Stall* hatte! – Es ist das neue, selbst erfahrene Lebensgefühl, das nun ausschlaggebend daran beteiligt ist, wie man mit den alltäglichen Dingen neu umgeht.

***Die Freiheit des Menschen liegt nicht darin,
dass er tun kann was er will,
sondern darin,
dass er nicht tun muss, was er nicht will!***
Roussau

Friede, Liebe, Achtung und *Respekt, Gnade, Demut, Mut* sowie *Selbstverantwortung* sowie alle weiteren Tugenden die den Charakter eines *wahrhaftigen Menschen* ausmachen, können nur auf dem Nährboden der **Freiheit** des Körpers, des Geistes und der Seele Wurzeln schlagen!

Über das tugendhafte Leben kommt der Mensch wieder in die *Einheit der Schöpfung,* woraus sich aus seiner **Einsamkeit** das **All-Einsein** transformiert! – Man ist dann wieder ein bewusster, individueller Teil des Ganzen, was die vorgelagerte *Wirkung* der *Ursache,* „**Freiheit**", ist!

***Keine Kraft geht in der Welt verloren, und
nicht bloß die Seelen der Menschen sind unsterblich,
sondern auch alle ihre Handlungen.
Sie leben fort in der Wirkung.***
Johann Gottlieb Fichte

GEHEIME QUANTENMECHANIK

Niels Bohr und *Werner Heisenberg* formulierten im Jahr *1927* die sog. *„Kopenhagener Deutung"*[31], mit der sie die *Deutung quantenmechanischer Vorgänge* in Anlehnung der *Born'schen Wahrscheinlichkeitsinterpretation* der Wellenfunktion mathematisch berechenbar machten.

Die Kernaussage dieses quantenmechanischen Naturgesetzes beruht in unserem Fall darauf, dass *die Beobachtung* ein zuvor linear, also geordnet verlaufendes Wellenmuster, zum Einbruch bringt.

Es entsteht ein Chaos im *hermetischen Sinne*, was bedeutet, *„dass das Neue erst entstehen kann, wenn das Alte komplett vernichtet ist"*, was unter den **Hermetischen Gesetzen** auch als *„solve et coagula"* beschrieben wird, was nichts anderes heißt, wie *„Löse und Verbinde"* oder *„Werde und Vergehe um erneut zu Werden"*! Jede Form von Angst und Hemmung ist hier fehl am Platz. Aus hermetischer Sicht gilt:

Es ist ALLES erlaubt, wenn man sich in seinen Grenzen bewegt und die Grenzen anderer achtet!

Wir reden hier von *Naturgesetzmäßigkeiten*, die **IMMER** gelten, die aber nicht wirklich verstanden sind, - zumindest nicht von denen, welche ihre Beobachtung dem *Stream der Sklavenhalter* willenslos unterstellen. Das ist ganz wichtig, denn *Freiheit* bedeutet, selbstbestimmt bewusst zu beobachten und zu differnzieren, was man als erstebenswert erachtet, um es aus dem Quantum seiner Lebenszeit, über die bewusste, konzentrierte *Beobachtung,* zum Leben zu erwecken! –

---

[31] https://de.wikipedia.org/wiki/Kopenhagener_Deutung

Aus dem *Gewohnten* wird dann etwas *Anderes* und der *Beobachter* ist verantwortlich für die Qualität dessen, was aus seiner *Beobachtung* neu entsteht! – Das heißt, wir sind im Grunde **Geist** und unsere **Schöpferkraft** wird kausal auf der *geistigen Ebene* initiiert! –

Ein Beispiel:
Ein Haus ist der materielle Ausdruck geistig transformierter Energie, denn bevor das Haus in der Materie errichtet wird, muss es durch einen Bauplan aus dem Geist in die Materie kommen! – Nun, das hört sich einfach, - ja eigentlich selbstverständlich, an und ich frage mich immer wieder, warum es dann nicht genutzt wird, dieses einfache Prinzip des Lebens nach eigenen Vorgaben umzusetzen?! –

Nur weil es einfach und schlüssig erscheint heißt das aber nicht, dass es auch einfach umzusetzen ist und mal ehrlich: Wie oft habt ihr euch wirklich Gedanken um das gemacht, was ihr beobachtet? – Habt ihr je an eurer Fähigkeit gearbeitet, den Moment, geistig völlig geklärt, in seiner Tiefe zu durchdringen? – Könnt ihr eure Aufmerksamkeit ohne gedankliche Nebengeräusche länger als 1 Minute auf ein Objekt der *Beobachtung* konzentrieren? –

Der Mensch im Sinne der Schöpfung ist ein unendliches Schöpfungswerkzeug! – Die Schöpfung gab ihm ein Gehirn als Werkzeug des unsterblichen Geistes, doch wurde das Hirn missbraucht, indem man es als **Herrscher** *über das Leben* erhoben hat, wodurch es nicht als **Diener** *für das Leben* zur Anwendung kommen kann! – Aus diesem Grunde nutzt der Mensch nur einen winzigen Bruchteil seiner **cerebralen** *Kapazitäten, - 10%*! – Er denkt fast ausschließlich mit dem dümmsten Teil seines Hirns, der dabei die meiste Enegrie verzehrt ohne wirklich sinnvolle Leistung zu bringen, - dem rationalen Linkshirn!

Von den etwa *100 Milliarden Neuronen* die im Gehirn ange-
legt sind, sind nur etwa **10% aktiv** miteinander verbunden, die ihrerseits wiederum nur zu etwa **10% bewusst
genutzt** werden! – Die **Unfreiheit** besteht also in erster
Linie darin, die vorhandene geistige Kapazität nicht zu
nutzen, - bzw. nicht nach den individuellen Vorgaben zu
nutzen, wie sie dem Einzelnen von der Schöpfung aufgetra-
gen wurde! – Ein **freier Mensch** ist sich jederzeit seinem
individuellen Sosein bewusst, wodurch er selbstbestimmt
beobachten und mitschöpfen kann! –
Die *pseudo-geschlossenen Gesellschaftssysteme* bieten dabei
keine Entfaltungsmöglichkeiten für selbstbestimmte Indi-
vidualisten, weswegen auch hier, auf der geistig-seelischen
Ebene, der Kampf ums Überleben tobt, dem die Evolution
weichen muss.

Die *Kirche* und die *Neo-Feudalisten*, welche die Weltherrschaft für sich beanspruchen, kennen die Gesetze und sie
halten sie geheim, weil sie damit ihre *Stallkühe* in der
Freiheit des Stalles manifestieren! – Warum glaubt ihr, hat
die Kirche bestialisch über mehr als 1800 Jahre gewütet
und alles daran gesetzt, das alte Naturwissen auszurotten
um es in der Vatikan-Bibliothek zu archivieren, - geschützt
vor dem Zugriff **Unberechtigter**? – Der im **Jahr 1666**
durchgesetzte **Cestui Que Vie Act** (Sklaven ohne Ketten)
zeugt davon, dass die Kirche dieses Wissen schon lange hat
und es zu ihrem Vorteil nutzt! – Natürlich muss man
Sklaven nicht mehr fesseln, wenn man den Geist gefangen
hat, - eingeschlossen in einem *Stall*, in dem alles vorbereitet wird, was das Leben darin zu bieten hat! – Doch es
bleibt ein übler Nachgeschmack, wenn ein anderer für
mich entscheidet, was mir das Leben offenbaren darf!

Mit einer falschen *Bewegungslehre*, die zu einem Mangel an
Qualitätsstoff führt, bringt man zuerst den Körper von der
Evolution in den *Überlebenskampf*, der sich dann über den

Körper auch auf die *geistig-seelische* Ebene ausweitet! – Dies ist heute ein statischer Zustand, um den die *pseudo-geschlossenen Gesellschaftssysteme* errichtet werden, in welchen der Zustand aber nicht zugunsten der Menschen behoben werden soll, sondern es soll ein Dauerzustand werden, was auch **real** umgesetzt wird und wir helfen alle *schweigend zustimmend* fleißig mit! –
Kaum ein Mensch stirbt heute noch an Altersschwäche! – Nahezu alle Menschen scheiden durch Krankheiten aus dem Leben! – Ein Schelm, der Arges denkt? –
Hierzu ein passendes Zitat:

Gott kam auf die Erde und brachte den Menschen die Religion; der Teufel folgte ihm und organisierte sie!

Erst jetzt gibt die Wissenschaft offiziell zu, dass die *Kopenhagener Deutung* im Bezug auf *Menschsein* eine kausale Bedeutung hat, insbesondere auf die Aufgabe des Menschen und seine Fähigkeit, ein bewusster *Beobachter* sein zu können, wodurch er aktiv am Schöpfungswerk teilnimmt; - jeden Augenblick in dem er *beobachtet*! –

Ohne die Beobachtung gäbe es nämlich gar nichts, was im Umkehrschluß bedeutet, dass alles was ist, als Resultat aus einer mehr oder weniger (un-) bewussten Beobachtung hervorgegangen ist! – Doch es wurde und wird *beobachtet*! Jedoch wird das Objekt der Beobachtung innerhalb *pseudo-geschlossener Systeme* von Fremden vorgegeben, worin die ganze *Wahrheit der Konditionierung* liegt, - so einfach, denn man muss sich ja **nur entscheiden**, aus sich selbst heraus zu *beobachten*! – Auch wenn es sich einfach anhört, - es wird nicht gelebt, weil es nie wirklich im Sinne des *freien Beobachtens* gelehrt wird! –

Mit der Fähigkeit bewusst *beobachten* zu können, hält man den *Schlüssel* der Schöpfung und seiner wahren Bestimmung, *Mensch zu sein*, in eigenen Händen! –
Mit diesem Schlüssel lassen sich **alle Schlösser öffnen**, welche den Weg zur Freiheit versperren!
Ich habe das schon sehr lange erkannt und aus dieser Erkenntnis ein Mental-Training entwickelt, das auf evaluierten wissenschaftlichen Methoden basiert, die **IMMER** funktionieren und die dem Menschen helfen, sein Gehirn, bzw. seine Geistkraft bewusst zu nutzen. Viele Geist- und Energieheiler, die ich mit dieser Methode in ihre Bestimmung begleiten durfte, zeugen von der Gültigkeit dieser Kausalitätsbezüge und sie sind ein lebender Beweis dafür, dass der Geist die Materie beherrscht!

Max Planck war es, der sämtliche quantenphysikalische Bewegungen und Zustände, dem Wirken eines lebendigen und intelligenten Geistes unterstellt hat! – Das heißt, nicht das Hirn denkt, sondern der *Geist* veranlasst das Hirn zum Denken! – Es ist auch der *Geist*, welcher entscheidet, wohin er seine Aufmerksamkeit lenkt! – Wird euch jetzt schön langsam etwas klar? – Auch wenn wir jetzt beginnen, unsere Unfreiheit in der Materie zu erkennen, so liegt die Unfreiheit doch primär in der Knechtung des Geistes, der lahm gelegt wird mit **astralen Giften** wie *Mangel, Trägheit* (Gewohnheiten), *Gier, Neid* sowie jegliche Form *sinnlicher Verblendung* (Genuß, Ablenkung, oder „*Brot und Spiele*").
Kaum einen fällt auf, wie sehr der Geist leidet, weil er ihn nie anruft und bewusst nutzt! – Wer anfängt zu meditieren, oder seine **innere Wahrnehmung** zu aktivieren, der wird merken, wie schwach der geistige Muskel ist und wie notwendig es ist, ihn zu trainieren, denn nur ein bewusster Geist kann die Energie seiner Aufmerksamkeit konzentriert in der Materie zur Wirkung bringen!

Die Aufmerksamkeit ist das wertvollste Geschenk, was ein Mensch einem anderen Menschen geben kann!

Aus der Summe aller Möglichkeiten, justiert die Aufmerksamkeit das Ziel der *Beobachtung*, wobei das, was man *beobachtet,* zu leben beginnt! – Bewusstes *Beobachten* ist nur mit einem wachen Geist möglich, wobei der Geist sich erst dann frei zu entfalten beginnen kann, wenn alle wesensfremden Prägungen, im Sinne von *Denkmustern* und *Emotionalverträgen*, die einem von Außen aufmoduliert wurden, abgelegt werden! - *Ausstieg auf der ganzen Linie!* -

Dazu ist es natürlich auch erforderlich, sich von wesensfremden „Informationen", die gleichsam *Triggerpunkte* der Aufmerksamkeit sind, zu schützen. – Wer also wirklich etwas ändern will, der muss zu allererst einmal jegliche *geistige Fremdberieselung* meiden! – Das heißt, - am besten ab sofort, - kein Fernsehen, kein Radio und keine Zeitung mehr! – Wenn ihr Informationen sucht, dann macht dies selbstbestimmt, - recherchiert selbst, - seht euch mehrere Quellen von Information an und entscheidet am Ende, was ihr glauben wollt! – Glaubt stets das, was sich für euch am besten anfühlt, geht nur nach eurem Gefühl und lasst euch nicht vom *Geplapper des Hirns* davon abbringen!

Die Wahrheit ist das, woran <u>du</u> dich entscheidest zu glauben!

Hierzu sei gesagt, dass TV, Radio und Medien in der *Zensur der Besatzermächte* sind! – Warum soll man also freiwillig wertvolle Lebenszeit dafür verschwenden, den Lügen und Propaganda-Märchen zuzuhören und sich zu einem fremdbestimmten Teil davon machen? Ich will mich nicht *amerikanisieren*, - wenn, dann will ich mich *germanisieren*!- Und,- wer tötet wirklich in voller Absicht bewusst seinen lebendigen Geist ab?

Man muss ein selbstbestimmter Teil der <u>eigenen</u> Wahrheit werden und diese auch leben, was automatisch auch die Lösung aller Probleme bedeutet, von denen man derzeit umgeben ist! – Schwierigkeiten lassen sich nur mit der eigenen Wahrheit bewältigen. Wer keine eigene Wahrheit hat und aus der Wahrheit anderer lebt, der wird die Schwierigkeiten des Momentes nicht auflösen können; - sie kumulieren sich auf und werden am Ende zum ***Problem***! Oder, man lässt andere das tun, was man selbst tun sollte und wird dadurch von ihnen abhängig.

Die Aufmerksamkeit ist auch „*Treibstoff*" für die Pendel, denn sie verbreiten Informationen, um den Geist durch fehlgeleitete Aufmerksamkeit zu sedieren! –

Ist die Information erst einmal in der geistigen Auseinandersetzung implantiert, dann ist es dem *Pendel* wahrhaft egal, ob man nun dafür oder dagegen ist! – Hauptsache, man füllt den Tank des *Pendels* mit Energie auf, indem man daran denkt, sich damit auseinandersetzt, wodurch man seine Lebensenergie für wesensfremde Interessen und Inhalte opfert! – Das was einen wirklich weiter bringen würde, dem fehlt die Ausfmerksamkeit. So wird vielleicht auch verständlich, dass man ein *Pedel* nur ignorieren kann; - jede Form von Bekämpfung versorgt es nämlich nur mit Energie!

<u>Merke</u>: Energie folgt der Aufmerksamkeit!

Wenn wir daran gehen, die Aufmerksamkeit bewusst zu lenken, so verstärken wir die schaffende Energie des Objektes der Beobachtung, was zu schnellen Ergebnissen in der Materie führt.

Mal ganz logisch: Wieviel Energie müsste man aufwenden, um die Probleme der Welt zu beobachten, die uns über die Mainstream-Medien erreichen und vor allem, - was kann man tun? – Ist es da nicht viel einfacher, sich die Welt klein zu machen und seine Aufmerksamkeit nur noch auf das unmittelbare Lebensumfeld, z.B. den Verein zu richten, damit er in hellem Lichte erblühen kann? – Das Leben findet im *HIER* und *JETZT* statt, - jede Sekunde, worin die schweigende Aufforderung liegt, die Aufmerksamkeit auch genau dort zu belassen!

Eine negative Information ohne einen positiven Lösungsansatz, ist dabei **immer** ein deutliches Warnzeichen der *energieraubenden Informationsfallen* eines *Pendels*!
Eine wirkliche Information sollte immer dazu dienen, die Anforderungen des Augenblicks in ihrem Ursache-Wirkungs-Verlauf zu durchleuchten, um über eine Modifikation an der Ursache, die Wirkung und damit auch das Eergebnis zu verändern! –
Auch hier kommen die *hermetischen Lehren* zum Tragen, die besagen:

Bewerte nichts! – Alles was mit dir nicht vereinbar ist, ist eine Herausforderung an dich, es durch dich so zu transformieren, dass es sich mit dir verträgt!

Wenn ich meine Aufmerksamkeit also den Missständen dieser Welt widme, dann komme ich in die Predurie, weil ich global nichts machen kann! – Der Seinszustand, der sich dadurch einstellt, ist erfüllt von Hoffnungslosigkeit, Frust, Zweifel, Polarisation der eigenen Ängste, usw.
Ein erwünschter Daseinsmodus für diejenigen, welche die Kühe im Stall halten wollen.

Man stelle sich vor, dass man weiß, dass man z.B. schwer misshandelt wird und nichts dagegen machen kann! – Eine *Unvereinbarkeit*, die einen Menschen innerlich auffrisst und zum *Opfer von Affekthandlungen* macht! – Das kommt daher, weil der Mensch sich **freiwillig** entscheidet, seine Energie, durch seine Aufmerksamkeit in die Hoffnungslosigkeit laufen zu lassen! – Das hört sich vielleicht drastisch an, doch sind die gesellschaftlichen Informationsfelder innerhalb der Gesellschaftssysteme voll, von niederen, aus der Angst entstandenen Seinszuständen, die sich auf den Geist und auf die Seele auswirken. Durch Schmerz und Leid entweichen immer mehr *Seelenanteile* nach Außen,
weswegen man versucht, deren Verlust durch sinnliche Reize zu ersetzen, was natürlich nicht geht. Eingebunden in diese geist-seelische Grundenergie kann man sich natürlich die Ketten für die Sklaven sparen! – Sie sperren sich selbst in ihrem Geist ein und verbringen ein Leben im komatösen Dämmerschlaf. Sie sind süchtig nach Lebensenergie (Geld) um sich damit die Sinnlichkeitsbefriedigungen anzudienen, die der Seele keine Heilung bringen und den kraftlosen Geist mit falschen Werten vergiften. –
Dennoch, der Mensch verliert niemals sein *Menschsein*, denn er ist, was er ist und jeder Mensch ist in seiner **Grundnatur** ein Schöpfer, - ein Macher und keine Stallkuh!

Man ist nie hilflos,
man muss sich nur selbst entscheiden!

Die Aufmerksamkeit bewusst zu steuern heißt in erster Linie, dass wir uns bewusst, - also selbstbestimmt und eigenverantwortlich,– entscheiden, wohin wir unsere Aufmerksamkeit richten und, - wir müssen uns bewusst fragen, ob die Aufmerksamkeit wo wir sie justiert haben, auch Ergebnisse hervorbringen kann, oder nicht!

Blaise Pascal formulierte diesem Mechanismus Rechnung tragend einmal folgenden Spruch:

Herr, gib mir die Kraft,
Dinge zu ändern, die ich ändern kann,
die Gelassenheit,
Dinge zu akzeptieren, die ich nicht ändern kann
und die Weisheit,
das Eine vom Anderen zu unterscheiden!

Wenn man sich diesen Spruch bei jedem Gedanken, Gefühl und vor jeder Handlung in Erinnerung ruft, um auf dieser Grundlage Entscheidungen zu treffen, dann kann man mit einfachen Mitteln, alles aus dem geistigen Umfeld extrahieren, was einem nicht förderlich ist! – Was bringt es denn auch, sich mit Dingen zu beschäftigen, die für die eigene Lebensführung überhaupt keine Relevanz haben?! – Genau hier,- auf der geistigen Ebene, - findet die Versklavung statt und genau hier, müssen wir anfangen, die Fesseln zu durchtrennen!

Albert Einstein brachte es auf den Punkt, als er sagte,

Ein Problem kann nie auf der Ebene gelöst werden,
auf der es sichtbar ist!

Ein offenkundiges Beispiel für diese geistigen Fesseln sind sog. *Triggerworte*, wie z.B. *„Nazi"*, *„Rechts"*, *„Links"* oder *„UFO"*. Ebenso die fruchtlosen Diskussionen, bei denen sich emotional aufgeheizte Meinung aneinander reiben und sich verschleißen! – Damit ist niemanden geholfen, weswegen es für jeden, der Veränderung will, zur Pflicht wird, alle fremden Denkmuster und Glaubenssätze abzulegen! –

Unsere *Stallkühe* wollen jetzt in die Freiheit und nun brauchen sie eine **Landkarte** und keine **Stallordnung**!

Wenn also etwas in der Materie nach einer Lösung schreit, dann gilt es, die geistigen Ursachen zu finden. –
Warum schlafen noch so viele Menschen, obwohl ungeheuerliche Wahrheiten an die Oberfläche kommen? –
Warum lassen ALLE zu, dass nur eine kleine Zahl Größenwahnsinniger sie versklavt? – Warum helfen unter **1000** Sklaven, **999** Skalven mit, sich zu verwalten? – Der eine verbleibende ist übrigens ein *„Verschwörungstheoretiker"*.

Die Antwort ist ganz einfach:

Sie werden geistig von wesensfremden Inhalten besetzt, welche verhindern, dass sie ihre Aufmerksamkeit auf die **Wahrheit** richten, die sie selbst nicht zu formulieren und zu erkennen vermögen! – Die meisten Menschen leben in der Wahrheit anderer Menschen!

Ein Mensch, der eine Wahrheit für ALLE hat, ist ein Diktator!

Das Vertragsrecht der **Person** steht im Zweikampf mit dem Menschrecht des **Menschen**, wobei die Lobby für die *Person,* 99% der Zuschauer ausmacht, welche die *Person* anfeuern und den *Menschen* ausbuhen! –

Das sind die *Stallkühe*, die <u>nicht</u> aus dem Stall wollen, - die sich im Umfeld der Sklaverei frei fühlen und es nicht verlassen wollen! – Doch was passiert mit ihnen, wenn die anderen den Stall verlassen? – Am Ende sind sie alleine und all das, was sie definiert hat, was sie groß und wichtig gemacht hat, geht nun dahin! – Man muss das mit allen Mitteln aufhalten! –

Und schon sind wir vom *Stall* im *Gesellschaftssystem* angekommen, wo genau derselbe Mechanismus abläuft! –

Die *Kuh*, die sich befreien will, darf nicht im Stall verharren und fruchtlose Diskussionen führen,- sie darf nicht ihre Freiheit als Lebewesen für sich nutzen, weil sie, solange sie im Stall verweilt, der restriktiven *Stallordnung* unterlegen ist und sie darf sich **keine Gedanken** um die anderen Kühe machen, weil sie sonst vergisst, selbst zu handeln! –
Am sichersten erlangt die *Kuh* ihre Freiheit, wenn sie ihre ganze Aufmerksamkeit nur darauf legt, wie sie aus dem Stall kommt! – Ist sie erst einmal draußen, dann wird sie denjenigen begegnen, die es ebenfalls geschafft haben und gemeinsam beginnt die anwachsende Herde ihre Erfahrungen mit der Freiheit ausserhalb des *Stalles* machen! –

Was sie stark macht, das ist ihr Weg in die Freiheit! –
Der Weg hat sie geprägt, indem er ihre geistigen Aktivitäten, immer mehr und mehr, in die Selbstbestimmung überführte. Das muss aus einem selbst kommen, denn nur wer bereit ist, sein altes *Personen-Selbst* hinter sich zu lassen, wird den Schritt zum **Menschen** machen können, da das *Menschsein* geprägt ist von einem selbstbestimmten Geist, welcher den *freien Menschen* auf dem Weg seiner Bestimmung führt. –

Mit dem Vereins-Konzept hat man eine wirklich aussichtsreiche Voraussetzung, um die Sklaven-Bänder ein für alle mal abzulegen und um einen artgerechten Lebensraum zu erschaffen, welcher die geistige Entwicklung voran treibt und nicht mehr betäubt! – Wer mit all dem, was bisher geschrieben wurde konform geht, der sollte aktiv werden.

Der beste Zeitpunkt für eine Veränderung war vor einem Jahr, der nächst beste ist JETZT!

DIE WELT IST EIN GARTEN

Es gibt eine ganz einfache Weisheit die besagt:

1 kann unmöglich 100% schaffen,
aber
100 können leicht 1% schaffen!

Klingt doch ganz einleuchtend und einfach? –
Warum machen wir es dann noch nicht? –
Einfache Antwort:

<u>Wir haben uns noch nicht dafür entschieden!</u>

Hier stehen uns unsere Ängste im Weg, die verhindern,
dass wir unserer Wahrheit folgen! – Leicht neigt man dazu,
die Angst zu verteufeln, weil sie sich unangenehm anfühlt
und uns einen Aspekt unserer Unzulänglichkeit bewusst
macht, den wir lieber nicht sehen wollen! – Wir fühlen uns
hilflos, weil wir nicht fähig sind, unserer Wahrheit Glauben
zu schenken und weil wir Angst vor dem Ungewissen
haben, was auf uns zukommt, wenn wir aus dem organi-
sierten Feld der Lügen aussteigen!

Jede Angst ist ein nicht gelebtes Potenzial!

Deshalb ist es sinnvoll, durch die Angst zu gehen um in die
eigene Kraft zu kommen, was bedeutet, dass man mit Mut
und Kraft hinter seiner selbstbestimmten Wahrheit steht.
Nur so kann man sich wahrhaft entscheiden, was dadurch
gekennzeichnet ist, dass man keine Angst mehr hat vor den
weiteren Schritten auf dem Wege seiner Wahrheit, weil
man tief in sich weiß, dass man zu allen auftauchenden
Schwierigkeiten auch eine Lösung findet! – Mit einem mal

wird alles ganz leicht und ist erst einmal die Angst überwunden, dann stellt sich auch die Resonanzverbindung dazu ab, mit der man bisher ins System gekettet war!

Wir müssen uns also **nur** dafür entscheiden und das, was wir entschieden haben, umsetzen! –

Nicht denken, -TUN!

Der Ausbruch aus dem System macht jedoch noch vielen Menschen Angst und glaubt mir, ich kann das gut nachvollziehen. – Wenn man aufeinmal die Augen aufmacht und dann eine Welt sieht, die man zuvor nicht sehen konnte, dann kommen da viele schwere Emotionen hoch.
Umsomehr als ich erkannte, dass mir ein langer Weg gegen reißende Stromschnellen bevorstand und die vormals so übersichtliche Zukunft sich in viele Fragezeichen auflöste. Ja, - loszulassen vom gewohnten *Stallalltag* ist anfangs nicht so einfach,- glaubt man; - doch wenn man losgelassen hat, wird man die Erfahrung machen, dass alles ganz anders ist, als man dachte, oder anders gesagt:

Der Mensch denkt, - Gott lenkt!

Ich konnte meine Themen im Kreise von gleichgesinnten Freunden verarbeiten, mit dem bedingungslosen Willen, da einen Weg heraus zu finden. Nach kurzer Zeit gelang es, eine Lösung in der Gemeinschaft zu kreieren, mit der alle Ängste und Schwierigkeiten abgefallen sind! – Je mehr wir uns mit dem *Vereins-Konzept* beschäftigten, erhöhte sich das Maß der Motivation und man begann, die Aufmerksamkeit nicht mehr nur auf die *Ich-Reflektion* zu richten, sondern auf das, was alle verbindet. – Die Möglichkeiten die sich auf diesem Weg eröffneten und noch eröffnen werden, gehören in einen Bereich, in dem wir noch keine oder nur sehr, sehr wenig Erfahrung haben, weil er bislang noch nicht gelebt wurde.

Alles fußt auf dem Verständnis, das man einer Sache entgegenbringen kann. Wenn etwas klar und verständlich ist, dann braucht man darüber nicht mehr nachzudenken und kann es sofort in seine Lebensbewegung integrieren. Daher soll die Struktur der Vereine, *„Mutter Erde e.V."* kurz aufgeklärt werden.

Es darf keine *zentralen Strukturen* mehr geben, jedoch eine *globale Vernetzung.* Zentrale Strukturen bestehen aus einzelnen Entscheidungsträgern, die für viele sprechen und handeln! – Einerseits ist der Mensch nicht dazu geschaffen, so viel Macht auf sich zu vereinen. Man betrachte unsere Politiker als lebendige Beispiele; - sie wollen die Macht inzwischen nicht mehr **für** die Anwendung im Sinne vieler, sondern sie wollen die Macht, **um** viele zu beherrschen. Wer Macht nimmt, der trägt Verantwortung und wer das anstrebt, der sollte zuerst einmal eine moralische Eigenverantwortung entwickelt haben, doch da sucht man bei den vorherrschenden Machthabern lange! –
Andererseits kann man Macht und Verantwortung nur dann auf andere übertragen, wenn man sie **abgibt** und das erzeugt dann, wenn z.B. ein Missbruch stattfindet, das unerträgliche Gefühl von Hilflosigkeit. Macht und Verantwortung gehören in die Hände eines jeden Einzelnen, denn sie sind kausale Bestandteile der Lebensaufgabe eines jeden Menschen, damit er sie selbstbestimmt in seinem Leben einsetzt. Beides ist auch die *Ursache* für eine *Wirkung* und ein **freier Mensch** erzeugt seine Wirkung im Leben selbst, weil er den Anspruch stellt, auch die Ursache zu sein.
Ein unfreier Mensch muss hingegen die Wirkung einer Ursache tragen, die andere **für ihn** gesetzt haben! – Daher sollten alle Konzepte die auf Nachhaltigkeit ausgerichtet sein sollen, diesem Umstand Rechnung tragen

Zentralisierung macht aber dann Sinn, wenn im Zentrum etwas hinterlegt wird, auf das alle Zugriff haben sollen.

Informationen aller Art, die der Sicherung und dem Ausbau der Vereins-Architektur dienen wären z.B. wichtige Quellen, die hier hinterlegt werden können.

Alle Vereine stehen für sich, wobei sie immer ein bewusster **Teil des Ganzen** bleiben, - jeder Verein ist, wie auch jeder Mensch, ein bewusster individueller Teil des Ganzen. Der *geistige Kit* mit dem alles zusammengehalten wird ist der *Dienst aus freier Intention.* Man dient dem Ganzen in dem Wissen sich damit selbst zu dienen. –

Jeder Verein könnte ein kleiner Erdengarten sein, dem sich der Verein verpflichtet. Sagen wir einmal, die Welt wäre ein riesiger Garten, dann wäre es jetzt im Moment noch so, dass **ein selbstermächtigter Besitzer** den Erdengarten als sein Eigen behauptet und alle die darauf leben, müssen sich seinen Vorgaben beugen.

Mit den Vereinen aber entstehen innerhalb des gesamten Erdgartens unendlich viele kleine Gärten und jeder Garten wird von denen gepfegt, die ihn nutzen. – Jeder hat das Recht seinen Garten zu nutzen, wie es ihm beliebt und man wird den Garten achtvoll nutzen, weil man auch davon lebt. Es ist nicht möglich, sofort die ganze Welt zu verbessern, - aber wenn man anfängt, das zu verbessern, was man zu seinem Lebensumfeld gemacht hat, dann entstehen bald viele, viele gesunde Gärten, in denen eine Art Selbstregulation das **Nehmen** und **Geben** ins Gleichgewicht bringt.

Es macht dann auf einmal Sinn, nur noch Dinge zu tun, die dem Leben dienen. Der Weg des Ursache – Wirkungsverlaufes wird kürzer und dadurch schneller erfahrbarer.

Über die gemeinsame *Gartenarbeit* verwächst man zu einem *Metawesen,* das sich aus seinen Bestandteilen zusammensetzt, die alle einem geeinten Ziel folgen, wodurch

Synergie und eine völlig neue Form der Umsetzungs-energie entsteht, die stärker ist, als das energetische Potenzial eines Einzelnen. –

In spirituellen Kreisen redet man davon, dass wir in die „***5. Dimension"*** aufsteigen. Damit ist die Öffnung des *Hals-Chakras* gemeint, eine hoch schwingende Energie, die aber nur über <u>*Gruppen*</u> im Kollektiv wirken kann, - die ener-getische Umsetzung Einzelner ist hier nicht mehr möglich! – Das ist auch das kausale Problem, aus dem das ganze Übel entstanden ist, - die Familien wurden zerstört, - von denen, die es taten, ebenso wie von denen, die mitmachten! – Beklagen bringt nichts und so muss es heißen: Besser machen und Zurück zu den Wurzeln, - zum *kleinsten gemeinsamen Vielfachen*, auf dem alles fußt.

Das Bildnis mit dem Garten ist wunderbar geeignet, um z.B. die Konturen des Mosaiks aufzuzeigen. Jeder Garten ist ein souveränes Gebiet und da ein Garten nicht 100% dessen bringen kann, was benötigt wird, können 100 Gärten die nur 1% bringen müssen dies ausgleichen, was es aber gleichzeitig auch erforderlich macht, dass die Gärten sich miteinander vernetzen und ergänzen. – Die Natur zeigt es uns doch, wie das Zusammenleben funktionieren kann; - vertrauen wir also einfach dem Meister, der ja auch uns erschaffen hat. –

Um meinen eigenen Garten kann ich mich aber nicht mehr kümmern, wenn ich meine ganze Zeit und Kraft in einen riesigen Garten investieren muss, der einem Großgrund-besitzer gehört, der 99% dessen hat, was ich zum Leben benötige und der es mir nur dann gibt, wenn ich ihm meine Lebenszeit <u>schenke</u>! – ***Das ist halt so*** und in diesem Glau-ben *ver*leben wir unser Leben für die Zwecke anderer und bemerken vielleicht erst am Ende unseres Lebens, dass wir

eigentlich gar nicht gelebt haben. Wenn Gevatter Tod einen ansieht, dann fallen alle Masken und Rollen ab! –
Übrig bleibt am Ende nur noch die wahre **Ich-Bin Natur** sowie die nüchterne Wahrheit darüber, was man aus dieser gemacht hat!

Wenn sich also jeder nur um seinen Garten kümmert und ihn nach seinen Maßgaben zu einem Juwel macht, dann ist die strahlende Schönheit seines Gartens, der Initiator für andere *Gärtner*, ihren Garten ebenfalls schön zu machen.
Der eigene kleine Garten ist überschaubar und hilft dem Geist, sich nicht zu verstreuen, sondern sich zu bündeln. Gebündelte und lebendige Geistkraft machen jeden Garten und am Ende die ganze Erde wieder zu einem Hort des Lebens, der Fülle und der harmonischen Vielfalt.

Die Erde ist das Eigentum von <u>*niemandem,*</u> - sie gehört sich selbst, genau sowie jedes Lebenwesen auf ihr sich ebenfalls selbst gehört, - wir sind alle nur Besucher und Nutzer.
Keiner hat das Recht sich als Gastgeber aufzuführen, um unter diesem Deckmantel die Spielregeln für die *Lebens-Party* aufzustellen! – Wenn es aber so jemanden gibt, dann hat auch jeder Gast das Recht, sich selbst zu ermächtigen, diese nicht anzuerkennen und er hat jederzeit die freie Wahl, sich für das eine oder das andere zu entscheiden!

So wie der Großgrundbesitzer aber über Selbstermächtigung das, was allen gehört, für sich beansprucht, haben wir ebenfalls die Möglichkeit und das Recht, uns selbst zu ermächtigen, uns einen Rahmen zu erschaffen, in dem wir die Lebenszeit für uns selbstbestimmt nutzen, - aus freier Intention. Dazu muss man aber selbst entscheiden und das, wofür man sich entschieden hat, das muss dann auch konsequent umgesetzt werden! -

Schlusswort

Ich habe mich aus zwei Gründen entschieden, eine 2. Auflage meines Buches zu verfassen. Zum einen kann ich den **Deutschen Heimat Bund** nicht mehr mit guten Gewissen empfehlen, was nicht heißt, dass er durch die Bank schlecht wäre. Ich habe auch viele nette Menschen dort getroffen und bei den vielen Gruppierungen, die sich so nennen, gibt es auch andere Gesinnungen, die ich jedoch nicht kenne. Ich habe dort einen guten Anfangsimpuls erhalten und an rechtlicher Kompetenz mangelt es dort nicht. Jedoch habe ich für mich die Entscheidung getroffen, meinen eigenen Weg zu gehen, - ohne Provokationen mit den Ämtern und vor allem wollte ich nach meiner Personenstandregulation mein Leben in den Dienst des *Menschsein* stellen und nicht in eine „*Personal-Rebellion*".
Nach wie vor ist die Grundmotivation zu diesem Austritt mein Bedürfnis, *Mensch zu sein* und da ist **Mutter Erde e.V.** ein besserer Partner, weil man dort völlig selbstbestimmt bleiben kann und eine niveauvolle Basis vorfindet, auf der man vertrauensvoll wachsen kann, im Gegensatz zum **Deutschen Heimat Bund**, der mich mit fortschreitender Verweildauer dort durch Lügen, Intrigen und vollkommene Unklarheit in allen Bereichen, sehr enttäuscht hat.
Der Weg den man dort beschreitet führt nach Kanossa, weil man die Reibung mit dem System sucht.
Was mich aber am meisten dort abgestoßen hat, ist die totale Fehlinterpretation vom *Menschsein*, - insbesondere zum Thema Eigenverantwortung! – Man hat es eh schon schwer, wenn man offen gegen Behörden auf sein Recht beharrt, was ja im Grundsatz nicht falsch ist, - das muss jeder selbst entscheiden und wenn er die Potenziale hat zu kämpfen, dann ist das völlig in Ordnung. Nur sollte man bei solchen Auseinandersetzungen einen klaren Kopf haben und nicht alkoholisiert, voller Aggression und Provokation

in den Krieg ziehen! – Auch bei den Beamten gibt es Menschen guten Willens, die sich überzeugen lassen und ihr Tun in Frage stellen, jedoch nicht, wenn man sie alkoholisiert oder aggressiv angeht! – Kurzum, - beim **Deutschen Heimat Bund** habe ich ganz klar erkennen können, was ich NICHT will!

Mein zweiter Beweggrund war, dass ich nun meinen *„Ausstieg“* hinter mir habe und beginne, als freier Mensch zu leben. Das heißt nicht, dass ich mich von nun an als *freier Mensch* störungsfrei auf den Wirtschaftsgebieten bewegen kann! – Ich habe aber Voraussetzung geschaffen, dass ich ohne Kampf und Behördenkontakte, als *freier Mensch* leben kann und so möchte ich euch an meinem Weg ein wenig teilhaben lassen. Ich möchte auch klar betonen, dass dies zu Beginn kein Zuckerschlecken war und dass auch ich viele Nächte mit Ängsten zugebracht habe. Mir wurde bewusst, was das für ein gigantischer Schritt ist und da ich den Staat und seine Terror-Maß-nahmen gegen Andersdenkende leider nur zu gut kenne, habe ich oft in meinen „Angstvisionen“ vermummte Son-dereinheiten seelen- und gewissenloser Amtssöldner durch mein Fenster einschlagen sehen.
Wie schnell sind Menschen verschwunden und finden sich dann wieder in psychiatrischen Einrichtungen, geleitet von Wahnsinnigen, die das Normale als verrückt erklären.
Und wie viele Nächte habe ich mir während meiner Perso-nenstandsregulation um die Ohren geschlagen, verfolgt von Resignation, Existenzängsten, Ohnmachterlebnissen oder einfach nur aus Angst vor der Gewalt, die der Staat bereit ist gegen Andersdenkende aufzubringen. Ja, - ich kam oft ins Wanken und bemerkte dabei die wohltuende Wirkung der Scheinsicherheit, die man als Person im ganz normalen Wahnsinn zu haben scheint, - eine gesicherte Rente aus einer leeren Rentenkasse oder Gesundheitsab-sicherung durch diejenigen, welche die Gesundheit

ruinieren in dem sie sie mit Giften bewahren, bzw. wieder herstellen wollen? – Tja, - man muss wahrhaftig sein, um diesen Schritt wirklich zu machen und man muss bereit sein, all das, was man dem *freien Menschen* an Eigenverantwortung abgenommen hat, wieder selbstbestimmt in die eigenen Hände zu nehmen. Glaubt mir, da kommt alles hoch, an was man bis dahin noch gar nicht gedacht hat!

Man hat in sein ganzes Leben, in jeden noch so winzigen Bereich, die Fremdkontrolle einziehen lassen und so ist es absolut notwendig, alle Stricke zu durchtrennen, egal wie angenehm sie auch waren.

Ich denke da z.B. an Arbeitslosengeld, Sozialhilfe, Kindergeld, Rente, Kredite oder anderwärtige Abhängikeiten.

Die große Kunst dabei ist es, nicht zu resignieren, sondern den Tatsachen ins Auge sehen und einen Weg zu finden, wie man davon unabhängig wird. Das heißt nicht, dass man darauf gänzlich verzichten muss! – Aber man muss Wege aus dem individuellen Status Quo finden, wie man sich am besten helfen kann. Auch wenn es beschwerlich ist, rentiert es sich diesen Weg zu gehen. Indem man ihn geht, wird man immer mehr ein *freier Mensch*, - man wächst an den Herausforderungen und indem man sich seinen Ängsten stellt, entwickelt man neue Kräfte und erweckt bislang ungenutzte Potenziale. Eine sehr wertvolle Hilfe ist hier **Mutter Erde e.V.,** wo man sich in Gesellschaft Gleichgesinnter austauschen und helfen kann. Man tut sich leichter mit der Entscheidung ein *freier Mensch* zu werden, wenn man ein paar erlebte Impulse erhält, welche die eigene Wahrheit erweitern können, weswegen ich durch das Niederlegen meiner Erfahrungen einen Beitrag leisten möchte. Ich bin es seit meiner frühesten Kindheit gewohnt alleine zu sein und daher eben alles alleine zu machen, doch habe ich die Erfahrung gemacht, dass viele Menschen hier noch etwas Hilfe brauchen, weil sie es eben noch nicht gewohnt sind und für sehr viele wartet hier das große Loslassen, damit sie bei sich selbst ankommen können.

Was mit dem Ausbruch aus der Sklaverei beginnt, endet nun darin, dass man lernt was es heißt, *Mensch zu sein*!

Als spiritueller Lehrer lebe ich schon seit vielen Jahren in einer Art Koexistenz mit dem Staatssystem. 2014 begann es jedoch für mich immer vorderdringlicher zu werden, mich an all den Schweinerein, die im Namen des Volkes verübt werden, zu distanzieren und so begann meine Auseinandersetzung, die Anfang 2015 immer intensiver wurde. Ich begann meine Gelder von den Konten abzuräumen, - nur noch das nötigste für meine monatlichen Unkosten ließ ich auf dem Konto. Und das war gut so, denn das Finanzamt begann auf einmal mittels getürkten Schätzungen meine Konten zu pfänden und den Namen meiner Person in den Dreck zu ziehen. Die Banken machten dieses illegale Spiel mit und ich ließ es zu und machte gar nix! – Nun kam der Zusammenbruch meiner Person, - der Moment, der am meisten gefürchtet wird, denn ist erst einmal das Konto gepfändet, dann kommt ein Unglück zum anderen. Das kann man im Vorfeld gar nicht alles berücksichtigen und so ist es wichtig, präsent zu sein und jedes auftretende Problem so lange durchzukauen, bis man eine Lösung gefunden hat. – Wer das Problem vor sich her schiebt, der hat schon verloren. Wenn man sich gut vorbereitet hat, dann geht nicht wirklich etwas verloren, mit dem man nicht gerechnet hätte und es bleibt übersichtlich, wenn man seine Anbindungen ans System auf das Nötigste reduziert hat.
Ich begann alle Versicherungen zu kündigen und verkaufte alles, was mich ins Laufrad des Systems zwang, - glich alle Schulden aus und begann dann im Oktober 2015 mit meiner Personenstandregulation, die im März 2016 beendet war. Natürlich hinterließ dieses Gemetzel auch einige Opfer, doch dabei handelt es sich ausschließlich um Banken und Behörden, alles Pendel, die der Sklaverei dienen und die sich jetzt gerne untereinander die Post und

ihre illegalen Forderungen umherschieben können. – Eine sehr lehrreiche Zeit für mich, denn ich hatte ja noch operative Geschäfte am Laufen, - trotz negativer Schufa und ohne Konto, - aber es geht!

Es ist also ganz wichtig, sich richtig vorzubereiten! – Die meisten Probleme beim Ausstieg entstehen deshalb, weil man den 2. Schritt vor dem 1. Schritt macht. Gibt man z.B. seinen Ausweis (nur den Perso – nicht den Reisepaß!!!) zur Vernichtung zurück und meldet seinen Wohnsitz ab, dann sollte man seine Sachen in Ordnung gebracht haben. Sich von allem zu lösen, was ins Laufrad des Systems zwingt, ist für die meisten Menschen das größte Problem, da sie immer noch glauben, dass sie der Eigentümer ihrer Sachen (Haus, Wohnung, Auto, etc.) sind.
Von dieser Fiktion kommt man nur sehr schwer weg und so ist die Entwicklung der Fähigkeit, das loszulassen, was einen knechtet, schon eine hohe Schule auf dem Weg zur *Menschwerdung*. Wichtig ist auch zu verstehen, dass man sich als Mensch die Ermächtigung über seine Person wieder zurückholt! – Diese hat nämlich der Staat solange man nicht sagt: Aus, Schluss, Basta, - **ich** übernehme die Kontrolle über **meine Person**! – Mit Abgabe des Personalausweises sowie mit der Kündigung beim Innenministerium mit der formalen Weisung, alle personenbezogenen Daten sofort zu löschen, schafft man die Voraussetzung zur Selbstbestimmung über seine Person!

Zwar ist der Innenminister meiner Weisung nicht nachgekommen, was ein Verstoß gegen das Datenschutzgesetz darstellt, doch habe ich das Einschreiben und kann damit gemäß meiner Sorgfaltspflicht beweisen, dass ich das Vertragsverhältnis beendet habe.
Nachdem wir dem Handelsrecht unterliegen, sind von nun an einseitige Willenserklärungen nichtig und werden von mir ignoriert! –

Ich habe für mich entschieden, dass es keinen Sinn macht, illegale Staatsakte rechtlich zu ahnden, das führt nur zu Verschleißkämpfen und nährt die Pendel Macht! – Wenn von mir eine Behörde etwas will, so muss sie schon zuerst einmal beweisen, dass sie dazu berechtigt ist, - alles andere wäre eine unzulässige und sittenwidrige Beweisumkehrlast. Das war aber vor meiner Personenstandsbereinigung. Danach habe ich keinen Sinn mehr darin finden können überhaupt noch auf die illegalen Belange der „Behörden" einzugehen! – Doch wie kommt man dem aus? – Ich bitte hier um Verständnis, wenn ich das nicht im Detail auseinanderpflücke, was auch gar nicht nötig ist.

Das Grundprinzip geht dahin, dass ich meine Person selbst verwalte. Das heißt, dass ich meine auf deutschem Wirtschaftgebiet ansässige Person in den *Standby Modus* beordert habe. Wie das geht? – Ganz einfach. Aus dem Vorangegangenen konnte man ja entnehmen, dass die Person konkludent mit Eintragung in die Geburtsurkunde entstanden ist, was bedeutet, dass die **Geburtsurkunde** die eigentliche Person (=Träger von Rechten & Pflichten) ist. Daher habe ich mich als Person, - also der *Mensch,* der die Rechte und Pflichten aus der Geburtsurkunde trägt, - am Einwohnermeldeamt abgemeldet und einen Nachsendeantrag zu meiner Person am Standesamt in Auftrag gegeben und das war es nun für mich als *Mensch.* Meine inaktive Person ruht am Standesamt und ist der offizielle Empfänger für alle aus dem „unfreiwilligen" Vertrag auftretenden Obliegenheiten.

Nachdem ich als Mensch jederzeit selbstbestimmt eine neue Person erzeugen kann, habe ich dies auch gemacht, jedoch nicht mehr in einem besatzten Land, wo es keine bürgerlichen Rechte geben kann, sondern in einem Land, wo meine neue Person Bürgerrechte genießt! - Auch wenn ich heute noch mit vielen Unwegsamkeiten zu kämpfen habe, so habe ich für mich doch den wichtigen Schritt geschafft, *Mensch zu sein*, - ein Leben zu führen, nach **<u>meinen</u>** Vorgaben und nach den Möglichkeiten die **<u>ich</u>** nutzen möchte. *Mensch zu sein* bedeutet auch, dass man selbstbestimmt wählen kann, welchen Möglichkeiten man seine Aufmerksamkeit schenkt, um sie mit Leben zu füllen. Wir treten als Menschen im Leben einen Seelenplan an, der voraussetzt, dass man als freier Mensch eigenverantwortlich entscheidet, was man erfahren möchte.

In den Gesellschaften wo wir nur dem Nutzen Dritter unterliegen, kann die Seele nur sehr eingeschränkt das erfahren, was sie erfahren möchte. Jedes Gesetz und jede Verordnung, sind eine Mauer, die man um die Seele errichtet. Als *freier Mensch* brauche ich keine Gesetze um koscher zu leben, denn wer Eigenverantwortung lebt, der weiß, wo seine Rechte enden; - nämlich da, wo die Rechte eines anderen anfangen. Ich halte mich an die Regeln innerhalb der Systeme, denn ich bin dort Gast und es ist selbstverständlich, dass ich mich nach der Hausordnung des Gastgebers richte. Ich leiste nur passiven Widerstand durch Nichtstun und ich erzeuge Chaos indem ich den Menschen *personenlos* gemacht habe und die Verantwortung der Person denen übertragen habe, welche die Person aktiviert haben. Damit kümmern sich jetzt die Ämter um die Probleme, die sie mir als lebendige Person machen wollen. Für die Ämter bedeutet das Chaos den Anfang vom Untergang der Sklaverei, die auf eine hoch gezüchtete Verwaltungsordnung angewiesen ist.

So viele Menschen zu beherrschen geht nur mit einem massiven Verwaltungsaufwand und jede Form von Chaos stört diese Ordnung. Im Grunde ist auch die Erzeugung von Chaos ein Ausdruck von *Menschsein*, denn die Quantenphysik lehrt ja, dass der Beobachter durch seine aufmerksame Beobachtung, die Ordnung einer Schwingung ins Chaos verfallen lässt, um etwas Neues daraus entstehen zu lassen. Kann es also falsch sein, Naturgesetze in seinem

Leben wirken zu lassen? – Täglich dürfte mein Standesamt zwischen 2 – 5 Briefe erhalten, adressiert an die Geburtsurkundennummer.

Das Amt darf die Korrespondenz weder Öffnen, noch wegwerfen und so muss jeder Brief als unzustellbar zurückgeschickt werden. Ich stelle mir gerade einmal vor was passieren würde, wenn das Standesamt nun 50 *freie Menschen* hätte, die genauso verfahren. Albert Einstein formulierte das in einem schönen Spruch:

***Der Dumme braucht die Ordnung,
das Genie beherrscht das Chaos!***

Ich sitze in der Zwischenzeit im Ausland, lebe ein freies Leben und warte. Nach *Seerecht* wird die Person für Tod erklärt, wenn sie sich sieben Jahre nicht lebend meldet.

Dann passiert genau das, für was ich im Moment noch erbittert kämpfen müsste, wie z.B. die Löschung meiner Daten sowie die Annullierung all meiner Rechtsgeschäfte und Verträge! – Natürlich werde ich aber versuchen, noch an meine eingezahlten Rentenabgaben zu kommen.

Ich sagte ja schon, - es ist nie vorbei und immer warten neue Herausforderungen darauf, gelöst zu werden.

Vieles habe ich hinter mir gelassen und auf manche Dinge, wie z.B. Beruf und Erwerb fanden sich ganz von selbst Wege, die ich niemals hätte erdenken können.

Alle Lösungen kommen, wenn man tollkühn voran schreitet, - mit einem klaren Geist und Liebe im Herzen. So wird man der Mensch, der man sein sollte.

Man braucht keinen Verein, wie ich in der ersten Auflage glaubte, um innerhalb der Wirtschaftgebiete als *Mensch,* der dem Naturrecht untersteht, Rechtsgeschäfte machen zu können und man braucht auch kein juristisches Sonderstudium, um gegen die Aggressoren vor die Gerichte zu ziehen, die sie befehligen. – Was man wirklich braucht ist ein klarer Geist, ein liebendes Herz und eine tollkühne Wesensnatur. Der wahre Kampf spielt sich in der Selbstherrschaft ab, womit er zur individuellen Herausforderung und zur Chance wird, nach vielen Jahrtausenden der Fremdbeherrschung, nun wieder ein *freier Mensch* zu werden. Man darf dabei keine Vorstellungen haben, was ein *freier Mensch* ist; - man war es nie und kann deshalb auch nicht ersinnen, was es bedeutet. Folgt der Sehnsucht eurer Seele, die ihr mit jeder transformierten Angst besser verstehen werdet. Macht euch frei von allen Denkmustern und Emotionalverträgen und unterzieht euer Wertesystem einer intensiven Prüfung; - was sich nicht stimmig anfühlt, das werft raus und meidet alle Fremdinhalte (TV, Radio, Presse) – sucht eure eigenen Inhalte und arbeitet nur noch mit diesen. Macht nur noch das, was euch Spaß und Freude bereitet und entwickelt neben der Fähigkeit des Erkennens auch die Fertigkeit des Loslassens. Dies sind Erkenntnisse, die ich auf meinem Weg gewonnen habe und die mir eine ganz neue Sicht auf die Welt vermittelt haben, wodurch ein neuer Seinszustand erwuchs, den ich zuvor niemals hätte erahnen können. Doch jetzt, wo ich immer mehr *Mensch* werde, alles leichter und lichter wird, erfahre ich die Gnade der Freiheit. Als ich anfing meine Unfreiheit wahr zu nehmen, habe ich noch polarisiert und die verurteilt, welche im System bleiben wollen. Heute sehe ich das ganz anders, denn jeder hat das Recht auf seine Wahrheit und jeder hat das Recht sich zu entscheiden. Was gehen mich all diejenigen an, welche dem System dienen? – Die haben nichts mit mir zu tun und je mehr ich mich mit denen beschäftige, desto mehr Lebenszeit und Energie fehlt mir für die Umsetzung meiner eigenen Wahrheit.

Auch das System mit den Merkels und Obamas muss es geben, - es ist doch meine eigene Entscheidung, ob ich ihnen folge oder nicht. Wie sinnvoll ist es, jemanden zu folgen, über den man nur schimpft? –

Ich bin zu dem Schluß gelangt, dass all das nur deswegen passiert, damit der Mensch sich ändert. Es gibt inzwischen sehr viele Menschen, welche die Unfreiheit wahrnehmen und nach Wegen suchen, wieder frei zu werden.

Was ihnen dabei im Wege steht, sind ihre unbewussten Mechanismen, die sich aus einer lebenslangen Konditionierung fest etabliert haben. Solange diese Ängste aus der Konditionierung wirken, ist man nicht bereit von dem loszulassen, was einen knechtet und so muss ich wieder einmal unseren Freund Albert Einstein frei zitieren:

So, wie die Menschen denken,
werden sie nicht überleben können.
Nur wenn die Menschen lernen anders zu denken,
werden sie auch überleben können!

Erst wenn man die Leichtigkeit von Freiheit erfahren hat, wird einem bewusst werden, mit welcher Mühe man die Schwere der Unfreiheit ertragen hat. Um diese Erfahrung zu machen, sollte man sich um sein Denken und um seine Gedanken kümmern.

Ich habe eine wissenschaftlich evaluierte Methode, die sich CYCLING nennt, studiert, bei der man mit einfachen Mitteln lernt, bewusst zu denken und in die Tiefen seiner Unbewusstheit zu dringen, um dort einmal richtig aufzuräumen. Eine einfache Methode, die man nach einem 1000-fach bewährten kognitiven Lehrkonzept, an nur einem Wochenende erlernen kann.

Mit etwas Eigenengagement kann man sogar in kurzer Zeit aus seinem Denken Felder erzeugen, wie es Geistheiler bei ihren *Hearings* machen! – Eine Methode, die auch sehr starke Gruppenfelder erzeugt, mit einer hoch kohärenten Wirkung auf die Ordnung der Materie.

Auch hier möchte ich wieder einmal Albert Einstein sinngemäß zitieren:

***Ein Problem kann nicht auf der Ebene gelöst werden,
auf der es in Erscheinung tritt.***

Das bedeutet, dass das Problem, - in unserem Fall die Unfreiheit, - ein Ergebnis ist, das auch eine Ursache hat.
Die Ursache hingegen liegt in uns selbst, denn aus irgend einem Grund wissen und spüren wir zwar die Unfreiheit, sind aber nicht willens, uns für die Freiheit zu entscheiden!
- Sklaven ohne Ketten – wie die selbstermächtigten Weltherrscher uns nennen! – Klar, - wer den Geist versklavt braucht keine Ketten und spätestens jetzt wird klar, welch eine große Chance und Gnade auf dem Weg zum *freien Menschen* vor uns liegt. Ein freies Leben will erfahren und gelebt werden und nur ihr selbst entscheidet, wie viel Freiheit ihr euch hierfür nehmt! – Wenn ihr nicht an euch arbeitet, dann werdet ihr vielleicht auf einen Irrweg gelangen und euch in Opferrollen oder Rebellions- und Unvereinbarkeits-Verschwörungen wieder finden.

Die Qualität eines Lebens bemisst sich an den Zeiten tiefer Glückseligkeitszustände, die man nur erlangen kann, wenn man innerlich frei ist. Erst wenn man sich innen befreit hat, kann auch der Mensch im Außen frei sein. – Erst wenn das Herz von Schmerz, Trauer sowie Schuld befreit ist, ist es fähig zur Liebe und erst wenn man bewusst selbst zu denken anfängt, wird man fähig, geistig klar wahrzunehmen und zu entscheiden.

Meine Wahrnehmung ist keine Wahrheit für alle, vielmehr führte sie mich zu meinen Schlussfolgerungen, die ich Euch anbieten möchte. Ich maße mir an dies auch zu tun, da ich das, was ich schreibe, jeden Tag und jeden Moment erfahre und da ich glaube, dass euch meine Wahrnehmung eine Hilfe sein kann bei der Arbeit an eurer eigenen.

Meine Triebkraft und Intention in allem was ich tue, soll der Schöpfung und dem Leben dienen und so versuche ich bewusst, in jedem Moment, dieser Ausrichtung gerecht zu werden, womit jeder Moment ein Knotenpunkt der konzentrierten Aufmerksamkeit meines ganzen Soseins wird.
Wer sich also zuerst auf die inneren Pfade der Freiheit begibt, wird die Anbindung an seine Führung finden und es kommt eine Art Selbstregulation ins Leben zurück, die uns behütet durch alle Unwegsamkeiten führt, die auftauchen.

Ich wünsche mir aus tiefstem Herzen, dass ganz viele Menschen glückselige Seinserfahrungen machen dürfen, wie sie mir zuteil worden sind.
Ich kann derlei Zustände mit meinen Mitteln des Ausdrucks nicht wiedergeben und so bleibt mir nur der Wunsch, dass jeder seine eigene Erfahrung macht und die Herde selbstbestimmter und eigenverantwortlicher, freier Menschen, wieder zu wachsen beginnt.

**Wenn die Macht der Liebe,
die Liebe zur Macht übersteigt,
erst dann wird die Welt wissen,
was Frieden ist!**

ANHANG – FAHRPLAN IN DIE FREIHEIT

1. **Personalausweis** abgeben, z.B. mit der Mustervorlage des **DHB**[32], wo die zuständige Behörde selbst bestätigen und stempeln muss, dass der **PA** *eingezogen* wird und *entsorgt* ist. – <u>*Wichtig:*</u> Behaltet den Reisepass, - nur den **PA** abgeben!

2. **Willenserklärung(bekundung)** hier liegt es an jedem selbst wie weit er gehen will! Ein Gespräch ist nach unseren Erfahrungen ist unabdingbar!
Die *Willenserklärung* muss am zuständigen Standesamt abgegeben werden. Es gibt zwei Arten der Zusendung, - die einfache ist das Beurkunden und Archivierung lassen. Dies muss mit der Forderung unter den Bezug auf die Registriernummer bestätigt werden!
Der zweite Weg ist der ***Bei-Brief***. Dabei wird ausdrücklich die Order erteilt, daß das Standesamt die beurkundete *Willenserklärung* weiterleitet an die zuständigen Behörden zur Bekanntgabe eures Willens.

3. **Personen Daten** müssen gelöscht und nachhaltig gesperrt werden. Hierzu findet Ihr die Anleitungen im **Landesministerium**. Einen Antrag auf die *„Löschung euerer personenbezogenen Daten"* findet ihr ebenfalls auf der Seite!

Mutter Erde e.V. bietet regelmäßig Infoabende an, die sich intensiv mit dem Thema

---

[32] Mustervorlagen können auf der Seite: <u>www.holisticart.eu</u> abgeladen werden

Ausstieg beschäftigen und bei denen man seine individuellen Obliegenheiten erörtern kann!

Arne Freiherr von Hinkelbein zur Übertragung von Rechten

Gesetze des BUNDES sind nur auf *juristische Personen* anwendbar! - Der BUND/BUNDESREPUBLIK DEUTSCHLAND ist ein VEREIN/NGO/FIRMA, eine *juristische Person* und alle PERSONEN die sich in deren Rechtskreis befinden sind ebenso *juristische PERSONEN*. Die *"Allgemeinen Geschäftsbedingungen"* dieses Rechtskonstrukts (Fiktionstheorie) sind alle *im Handel erhältlichen Gesetze* und **gelten** *für juristische PERSONEN,* so daß die Gesetze des BUNDES/BUNDESREPUBLIK DEUTSCHLAND nur auf *juristische PERSONEN* anwendbar sind, aber nicht auf **Menschen.** Der **Mensch** befindet sich **nicht** im *Rechtssystem von BUND/BUNDESREPUBLIK DEUTSCHLAND.*

Es ist verboten den **Menschen** als *Person* zu behandeln Ein Mensch ist **nicht Rechtsfähig,** denn vor dem Gesetz sind **alle Menschen gleich.** Nach dem *Personen-Gesetz* sind alle Menschen ungleich, denn: der Mensch hat Rechte übertragen bekommen und damit ist er *nicht mehr* als Mensch zu betrachten, sondern als juristische Person, - ein Träger von Rechten und Pflichten!

Mit der **Menschenwürde** ist der soziale Wert- und Achtungsanspruch gemeint, der dem Menschen wegen seines Menschseins zukommt [BVerfGE 87, 209/228]. Daraus folgt, daß der Mensch als gleichberechtigtes Glied mit Eigenwert anerkannt wird [BVerfGE 45, 187/228] und als Mensch (Subjekt) behandelt werden muß. Insoweit steht dem **Menschen** ein Elementarschutz zu, weshalb *alle Handlungen verboten sind,*

mit der die aus der Menschenwürde fließende Subjekt-
qualität verletzt werden könnte.

Verboten ist daher auch, **Menschen als Objekt**, also als
Person zu behandeln [BVerfGE 63, 332/337].
Wir können feststellen, daß der Adressat einer Rechts-
einrichtung dient, die zwar als Schöpfer der *juristischen
Person* Herr MAX MUSTERMANN hoheitlich über der
Person steht und damit auch verfügungsberechtigt ist,
weil die Person den gültigen *Rechtsnormen seines
Schöpfers* unterliegt, nicht aber dem Menschen.
Kein Mensch hat sich durch willentlichen Vertrag einer
staatlichen Einrichtung unterworfen. Demzufolge kann
die Verwaltung Ihnen dem Adressaten keinen Auftrag
[delegierte Staatsgewalt] erteilen, dem Menschen als
geistig-sittliches Wesen an seinem Vermögen, seiner
Zeit, sein Tun, sein Handeln, etc. zu bedienen bzw. ihn
zu berauben und damit sein Eigentumsrecht in Frage
zu stellen. Die vermeintlichen Rechte beziehen sich
ausschließlich auf die *juristische Person* und nicht auf
den Menschen.

Es gilt "**nemo plus ius iuris transferre potest quam
ipse habet**" - niemand kann mehr Rechte übertragen
als er selber hat!

Der Autor, **Hendrik von Asgard**, geboren am 9.10.1966 in München

Bereits in der Schule brach der Autor aus den bestehenden Normen aus und lehrte sich selbst eine kognitive Art des Denkens. 20 Jahre führte er ein Natur Pharma Unternehmen wodurch er mit Staat und Pharma-Lobby in den Clinch gelangte, der mehr als 300 gerichtliche Verfahren, Enteignung, Inhaftierung, Hausdurchsuchungen sowie jede weitere Form staatlicher Rechtsbrüche nach sich zog. Erst durch massive Drohungen seitens der Staatsmacht gab er im Jahr 2007 seine Tätigkeit auf.

Jedoch hörte er nie auf, Widerstand zu leisten und so begann er mit seinem umfangreichen Wissen, Bücher und Fachartikel (raum&zeit) in den Bereichen Wasser, Ernährungswissenschaft, Soziologie, Quantenphysik und Bewusstsein zu schreiben.

Mit diesem Buch kommt sein 16. Buch, neben mehr als 100 Fachartikeln zu den Lesern.

Im Jahr 2006 begann er eine **Cosmo Energetic Ausbildung**, - eine uralte Mentalschule, die nur in Wissenschafts- und Geheimdienstkreisen gelehrt wurde. Fünf Jahre lang war er in Einzelunterweisung bei der russischen Teilchenphysikerin und CEM Großmeisterin, *Marina Zaparozeths*, bis er 2011 zum Großmeister initiiert wurde. Er gründet die erste europäische **Cosmo Energetic School** und entwickelte auf Basis wissenschaftlich evaluierter Studien Bewusstseinsprogramme zur Erweckung geist-seelischer Fähigkeiten. Mit *Mental-Engineering* startet er eine einzigartige Kursreihe, die den Teilnehmern vermittelt, wie man quantenmechanische Effekte zu Energy-Tools verarbeitet, zur Heilung der Materie und mit seiner neuen **Geistheiler Ausbildung** hat er es geschafft, in nur wenigen Lehrgängen Menschen erfolgreich ins geistige- und energetische Heilen zu bringen. Aufgrund der aktuellen Entwicklungen auf der Erde hat er 2015 damit begonnen, sich Ausstiegskonzepten zu widmen, die es den Menschen ermöglichen, menschenwürdig zu leben.

Bestseller von Hendrik Hannes

CYCLING n. Prof. Dr. Bengston

Ein einmaliges Übungsbuch, das als Analog zu den Kursen zur Erlernung von CYCLING verfasst wurde. Mit CYCLING erreicht man Quantensprünge in der geistig-mentalen Entwicklung, die das gesamte Lebensumfeld mit einschließen. Mit CYCLING werden alle Wünsche wahr und das Leben wird zum Spiel des Beobachters.

Erfahren Sie in diesem Buch, wie auch sie schon in kurzer Zeit erfolgreich CYCELN können. Da CYCLING die erste wissenschaftlich evaluierte Mentalschule ist, kann es jeder lernen. Schon viele haben CYCLING nur durch das Studieren dieses einzigartigen Übungsbuches erlernt.

Mit vielen Übungen, die ausführlich beschrieben sind. Der Autor gilt als Spezialist für kognitive Lehrkonzepte und zählt zu den derzeit erfolgreichsten Mentaltrainern.

Erschienen im BoD Verlag, 2012.
Autor: Hendrik Hannes
ISBN: 978-3-8482-2452-4,   120 Seiten

CYCLING - Integration in den Alltag

Der Autor, Cosmo Energetic Großmeister und Mental-Trainer, hat das Lehrkonzept an die Bedürfnisse des Alltags angepasst und die Lehrmethode so modifiert, so dass man nur noch 5 Minuten benötigt, um täglich erfolgreich zu CYCELN.
Aus den vielen Kursen entstanden Schwerpunkte tiefenpsychologischer Natur, welche die Menschen an der erfolgreichen Umsetzung hinderten.

In diesem Buch kommt nun die Lösung, die ihren Ursprung in der psychatrischen Autoregulation findet, wodurch man mit einfachen Mitteln, auch die komplxesten Probleme lösen kann.
Zudem sind viele Tools benannt, die das Praktizieren von CYCLING leichter und effizienter machen.

Mehr als 500 Kursteilnehmer sind so bereits nach nur 2 Tagen erfolgreich ins CYCELN gekommen!

Erschienen im BoD Verlag, 2012.
Autor: Hendrik Hannes
ISBN: 978-3-7322-4700-4,   139 Seiten

Bücher von Hendrik Hannes

Photonic - *angewandte Quantenmechanik!*
Aus der Quantenphysik in das Leben! Einfach und
verständlich beschreibt der Autor die Naturgesetzmäßigkeiten von kohärenten Licht (Bio-Photonen) und
Materie. - Lesen sie, wie mit kohärentem Licht bereits
mehr als 20 umgekippte Seen wieder regeneriert
wurden, oder mehrjährige Studien der Agarar Univer-
sität in Wien, die Wirkung auf das Pflanzenwachstum
und die regeneration der Böden nachwies. Auch im
Bereich Gesundheit für Mensch, Tier und Umwelt sind
bahnbrechende Erfolge mit der Anwendung von kohären
ten Licht erzielt worden! - Die Lösung ist einfach!

Erschienen im BoD Verlag, 2014.
Autor: Hendrik Hannes
IBN: 978-3-7357-2521-9,   212 Seiten

Wege zur Gesundheit
Ganzheitliche Gesundheitskonzepte und spezielle
Nahrungsergänzungsmittel, welche diese Konzepte
unterstützen werden in diesem einzigartigen Buch
leicht verständlich und unterhaltsam vorgestellt.
Mit vielen Praxisanregungen und Tips, wie man sich
nachhaltig entgiftet und auf einem hohen Gesundheits-
niveau hält. Gesundheit ist das Ergebnis der
eigenen Entscheidungen.

Erschienen im BoD Verlag, 2012.
Autor: Hendrik Hannes
ISBN: 978-3-8448-0859-9,   173 Seiten

Holistic Art - Kataklysmus 2012
Ein Streifzug durch die kosmischen und gesellschaftlichen Ereignisse, die sich immer mehr zu erkennen
geben. Es geht nicht um Panik-Mache, sondern um das
Erkennen. An vielen Dingen kann man nichts ändern,
doch sollte man die Möglichkeiten nutzen, Dinge zu
ändern, die möglich sind. Mit ausführlichen Texten zum
System der gesellschaftlichen Konditionierung, Nährstoff-
Prohibition, sowie die Freisetzung von Nano-Parasiten,
u.v.m. Eine Rückbesinnung auf die katastrophistische
Natur menschlichen Seins.

Erschienen im BoD Verlag, 2009.
Autor: Hendrik Hannes
IBN: 978-3-8391-5468-7,   252 Seiten

Bücher von Hendrik Hannes

Cosmo Energetic Matrix

Ein einziartiges Buch, das über eine ganz besondere Form der Mentalsteuerung berichtet, die etwa vor 900 Jahren in einem buddhistischen Tempel in Indienwieder belebt wurde. Mit CEM lernt man Energie zu sehen und zu steuern. Viele Wissenschaftler habensich der CEM Medien schon bedient, - so auch Sergej Koltsov, der Entwickler der *Functional State Correctors* welche seit August 2011, zusätzlich mit CEM Energien aufgeladen werden um dadurch ihre Wirkung zu potenzieren.

Erschienen im BoD Verlag, 2011.
Autor: Hendrik Hannes
ISBN: 978-3-8423-5433-3,   191 Seiten

Cosmo Energetic - 21 Übungen

Dieses Buch lebt! - Es ist das erste Cosmo Energetic Buch, das Bilder mit lebenden CEM-Signaturen enthält. Diese sollen den Übenden helfen, bei den Übungen maximale Erfolge zu erzielen. Die Übungen sind eine wichtige Voraussetzung für die Erstellung eigener Heilsphären, sowie zum Aufbau von kosmichen Bewusstsein. Mit mehr als 24 CEM Bildern

Erschienen im BoD Verlag, 2010,
Autor: Hendrik Hannes
ISBN: 978-3-8423-2611-8,   156 Seiten

Gutes Wasser - Aktiver Wasserstoff & Co.

Ein unterhaltsamer und informativer Kurzüberblick über die gängigen Wasseraufbereitungs-Systeme.Der Schwerpunkt liegt jedoch auf Verwirbelungen des Wassers, worduch sich strukturell die höchsten Ordnungsgrade erzeugen lassen. Gutes Wasser ist wichtig für die physiologische aber auch geistige Gesundheit und Leistunsgkraft.

Erschienen im BoD Verlag, 2007.
Autor: Hendrik Hannes
ISBN: 978-3-8334-8247-2,   132 Seiten

Zelle gesund - Mensch gesund

Das erste kybernetische Nährstoffkonzept, das auf einer holistischen Sichtweise basiert und auch Quanten-Nährstoffe einbezieht. Der Autor errichtet einen klaren Weg, der vom Körper durch den Quanten-Raum führt um eindrucksvolle Brücken des Verständnisses zur Gesundheit zu bauen. Ein Quanten-Nährstoffkonzept, welches die 4-polige Basis der Selbstregulation harmonisiert. Eine neue Ära der Energie- und Quantenmedizin hat begonnen!

Erschienen im ehlers Verlag, 2009
Autor: Hendrik Hannes.
ISBN: 978-3934196-81-0. 193 Seiten.

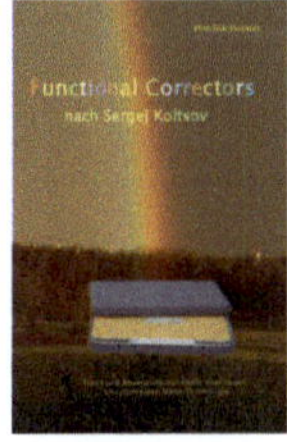

Functional Correctors

Ein kompetentes Anwendungshandbuch für alle Nutzer der revolutionären Skalarwellen-Technologie des russischen Natur- und Weltraumforschers, Setrgej Koltsov. Lesen Sie, wie Sie mit modernster Skalarfeld Technologie, Körper, Geist und Seele heilen können. Ein kompetenter Ratgeber, welcher dem Leser einen tiefen und verständlichen Einblick in die Technologie vermittelt und ihn gleichzeitig in den effizienten Umgangmit den Skalarfeld-Platten einführt.

Erschienen im BoD Verlag, 2011
Autor: Hendrik Hannes
ISBN: 978-38423-6970-2   130 Seiten